中公新書 2430

笹原宏之著

謎の漢字

由来と変遷を調べてみれば

中央公論新社刊

はじめに

漢字は「謎《なぞ》」に満ちている。中国では、漢字は神話の黄帝《こうてい》や四つの目をもつ蒼頡《そうけつ》が作ったとの伝承もあるくらい、古代の杳《よう》として分からない世界の中で生まれた文字である。その真の起源は、文字学はもちろん考古学や言語学をもってしても、すでに正確に追い求めることは難しい。漢字が現れたのは殷《いん》代だが、その後期になればすでに字形に変化が生じた字もあり、書記たちも、その字がなぜそういう形をしているのかという原来の成り立ちが分からないままに、覚えている字を骨や甲羅に彫り込むことさえ生じていたであろう。

まして長い歴史の中で変化し、さまざまな地域で変容を経た漢字は、一問一答式の世界に落ち着いてあるはずがない。漢字に関して知りたいことが浮かんだときに、誰かに答えを求めても、ネットで検索してみても、出てくる解答が真実だとは容易に証明しがたい。それはもどかしいことであると同時に、漢字の魅力的な一面ともいえる。

漢字がやがて日本に伝わり、この列島において実際に使われてきたことは確かな事実である。そして日本人は、中国の漢文や中国語のとおりに使ってみた。それだけでは飽き足りなかった。日本人のことばを表記するために転用したのである。それから表音文字へと脱化した仮名に対して真名《まな》すなわち「正しい字」と漢字を位置づけた。転用を始めたときから、日本の生活習慣、そして自身の実感に合うようにと徹底的に改造を加え、その性質まで変えてきた。大陸とは異なる自然や風土のなかで育《はぐく》まれた繊細ともいえる感性とことばをもった人々が、日々の暮らしの中で、漢字を育ててきたと喩《たと》えることもできるだろう。

ただその結果、形成された表記システムは、もはや収拾が付かないほどに多彩なものとなっており、それはなおも変化を止めることはなく、変更が続く過程にある。その動態の実情を知るには、文字・制度・社会などいくつもの観点から整理を要する。なかでも情緒的な面は、とくに日本の漢字を正確に捕捉する上で不可欠な要素であるので、本書でも日本の漢字のもつそうした興趣のある面と、理性的に受け継いでいかなければならない面とに間接的にでも触れていきたい。

漢字には、本来、正しい漢字と間違った漢字がある。そういう漢字を巡る思い込みが世上に広まっている。そしてその「正しい漢字」を選び、使うことで試験でよい点数を得られる。そういう風潮が世を覆っている。正しい漢字とは何か?「本来」という語が持ち出されることが多いが、それは多くの場合、字の歴史上の任意の一点にすぎない。また、それが古代である場合には、たいてい現代にそのままの形では当てはめがたいものとなる。そしてそれは、調査を通じて突き詰めていけばどこかで誰かが決めたものにすぎないことがうかがえる。それは学者かもしれないし、政府かもしれない、いや名もない市井の誰かかもしれない。そういうあやふやな出所をもつ漢字にとっての正しさは、ほとんどの場合、それぞれの時空において相対的なものにすぎない。

一方、先に触れたとおり、漢字とは趣深いものだ、という感想もよく聞かれる。しばしば奥深い、とも言われる。そうした感慨を抱かせる面がとくに日本で強まってきたことは確かだが、一足飛びに情緒的な感想で終わらせてしまっては、やはり真実に近づくことはできない。

漢字は古めかしく、あらゆる点で複雑であり、一字一字が個別の特殊性を帯びている。だからといって、せっかく抱いた「何?」「なぜ?」といった謎を謎のままにして、真実に迫ることを諦めるのは惜しく、かつ先に進むことができない。そこに留まっていてはいけない。先人たちは、蘊奥《うんのう》に分け入っていくための多くのきっかけとヒントを、膨大な文献の上に残してくれている。あとは、残された私たちが、そこに向かい合って、多種多様なそれらを真《しん》摯《し》に読み解いて、真実に迫っていけばよい。そのためには少々手間がかかるし、大変なこともある。しかし幸い、書籍を収めた図書館は、各地に設置されていて、そこにない本も取り寄せなどしてくれるようになってきた。

そしてネット環境は拡大する一方であり、インターネットを検索すれば、非常に多くの情報が瞬時に画面上に表れる。しかし、とくに「答え」として分かりやすく書いてあるものに対しては、そこに記された典拠や論理から、読み手がその真偽を判断し、客観的に評価を下す必要がある。WEB上には、近年、一次資料と見なしうる良質な文献も、次々と画像に変換されて公開されつつある。あとは、私たちが真相を求めようと思うかどうか、そしてそのために適切に探索しようとする意志があるかどうか、そこにかかっている。すべてのテレビ番組や新聞、雑誌の記事、書籍の記載などが、そういう煩瑣《はんさ》な検討作業を経ていると信じたい。ただ、実際に意気に感じ、意義を感じて手伝おうと関わってみると、そうしたマスメディアにさえ意外と粗雑にやりすごそうとする担当者もいなくはないことに気付く。そういうところからは、残念であるが自然と離れていくこととなる。

この本は、有限の時間と体力の中で、脚光を浴びにくいテーマを含めて、漢字の「謎」に関してどこまで考え、調べると、どこまで分かるのかを追いかけるものである。不完全なところは、後人がさらに探究してくれることを期待して、今まで検証したことを書けるところまで書いてみたい。主な参考文献は、巻末に一覧としてあげるほか、本文中にもできるだけ示しておく。また、現代の漢字に関する出来事の中で、確信を持ちえた内容に関して記録しておくべきことも、なるべく盛り込んでおきたい。この書名の「謎」のしんにょうの点の数が「迷」と違うことに意味があったのかどうかも判明するようにしよう。すべての答えは、誰かがその時代その時代に何かを開拓しながら作っているものであり、時代の進歩によって更新されるべきものである。

この後の第一部から、漢字に関する無数の謎の中から選び出したそれぞれタイプを異にする難しい問いについて、一つずつ調べて迫っていくこととしよう。

目次

第二部 海老蔵は鰕蔵か……61

図作成・ＤＴＰ　市川真樹子

第一部　日本の地名・人名と謎のＪＩＳ漢字

1　「嫐」がＪＩＳ漢字に入った理由

漢字の謎について、第一部では日本の地名に焦点を当てて、迫っていく。

私たちがパソコンやケータイで漢字が打てるのは、実はＪＩＳ漢字という規格（日本工業規格）が定められているお陰である。一九七八年（昭和五十三年）に、六三〇〇字余りを選び、第一水準、第二水準に分けてコードを与えたのが最初であり、その後数度にわたり改定、追加されている文字集合である。そこには、よく使う漢字が収められているだけでなく、ほとんど見かけないような不思議な漢字まで含まれている。それは、どのような漢字で、なぜＪＩＳ漢字に収録されているのかを、これから一字ずつ解き明かしていこう。

時は天保《てんぽう》年間（一八三〇－四四年）に遡《さかのぼ》る。七代目市川團十郎《いちかわだんじゅうろう》は、市川家のお家芸である歌舞伎《かぶき》十八番を制定した際、その一つに、「うわなり」を選んだ。これは、さらに一世紀以上前の元禄《げんろく》十二年（一六九九年）に、初代の市川團十郎が演じた芝居で、妾《めかけ》に対して怨念《おんねん》を抱いた本妻が嫉妬《しっと》をする所作が演じられたものとされている。

この「うわなり」とは、もともと後妻のことであり、すでに平安時代のころから左から

「女男女」を並べた「嫐」の字が当てられてきた。この芝居の場合、後妻ではなく妾を指しており、「嫐」という字は、この修羅場のような状況を見事に一字に凝縮しているようである。

これ以来、男一人に女二人の嫉妬の所作を、梨園《りえん》では、この字で表現するようになった（これを「嬲」と書く資料も稀《まれ》にある）。「うわなり」の語にはほかにも「嫌」「妬」といった字も当てられている。これらの語と字には、早くから嫉妬の意も派生し、近世には定着を見た（『俚言集覧《りげんしゅうらん》』）。

歌舞伎十八番「嫐　照日の神子・横川の古聖」香蝶楼豊国（歌川国貞）画、嘉永５年（国立国会図書館蔵）

この「嫐」は、実は中国で作られた漢字であった。「嫐」は今は、大陸で使うことはまずなくなっているが、もとは唐《とう》代までの時代に「嬲」から派生した異体字といえるものであった。

この「男女男」を並べた字は、中国では広東《カントン》語圏で、怒るという意味で辛うじて使われつづけている。たしかに喧嘩《けんか》が起こりそうなシチュエーションに見える。「嬲爆爆」で「ラオ（ナオ）バオバオ」といい、激しく怒るさまを表すが、香港《ホンコン》や広州《こうしゅう》周辺以外の人たちは、同じ中国人でも見たことがないとのことだ。

この「嬲」が作られたのは、六朝《りくちょう》時代になってからのようで、仏典にも使用されている。音読みはジョウで、より古くからある「嬈」という漢字と発音も意味も同じだが、女偏《へん》に堯《ぎょう》のこの字はJIS第二水準までにない。この「嬲」には「なぶる」という意味がある。日本では、小説などで今でも「嬲《なぶ》る」と使われることがある。

「嫐る」も「なぶる」と読まれるが、「嬲る」とは使い分けが生じているところに日本らしい細やかさを感じる。男子大学生が書いた文章にも、「嬲るよりも嫐られたい」などと、耳で聞いても分からない状況の違いを視覚で表現するものまで見受けられる。日本人は、こういう点で中国以上に視覚から得られる感受性に繊細さが認められるようだ。

平安時代には、「嫐」の字にはすでに仏典や辞書において「なやむ」、さらには「ねたむ」「うらやむ」の訓読みが与えられており、軍記物の『将門記《しょうもんき》』などで実際に使われている。中世の『平家物語《へいけものがたり》』などの古典には、「ひきしろふ」として登場する。そのころの国語辞書にも収められている。これは、引っ張り合う、引き連れるといった新しい意味であり、「女男女」と並んだ人間関係のおりなす状況が想像されよう。

西鶴《さいかく》など近世の人たちも、後家たちが役者を「嫐《なぶり》あそぶ」などと使っていた。現在、鳥取県西伯《さいはく》郡大山町《だいせんちょう》の高杉神社には、「嫐《うわなり》神事」という奇祭が伝わる。これは、離縁された前妻が後妻を打ちすえるという、いわゆる「うわなり打ち」の行事に起源をもつとされる。

このように、この漢字は、もとは中国の六朝時代ころの人々が創り出したユニークな会意《かいい》文字であり、それを受け入れた日本人が得意とする改良の手を存分に加えたものである。日本人は、中国語とは全く異質の日本語に漢字を当てはめようとして、時に眉間《みけん》に皺《しわ》を寄せて悩み、時に相好を崩して楽しみながら、それらを使いこなそうとしてきたのだ。

「嫐」という字は、このように日本で伝統文化の表現として根付いたものであるが、それほど使用頻度が高くないにもかかわらず、こうしてパソコンで打てて、メールでも使用できるというのには、理由がある。実は、歌舞伎のためにコンピューターに採用された漢字というわけではなかった。

コンピューターで漢字が打てる時代を保証することとなる「JIS漢字」は、通産省によって一九七八年に第一水準、第二水準の合計六三四九字に四桁《けた》のコードが与えられて制定された。ワープロ第一号機が発表された年である。

そこでは、当用漢字やそれに代わる常用漢字（当時は二〇〇〇字に満たなかった）を超えて行政上の事務で使用されるたくさんの漢字を搭載するという大目標があった。そのためには、日本中の地名を漢字できちんと情報交換できることが必要であった。名字も収録対象とされたが、いかんせん質の高いデータがなかった。一方、地名には網羅性のある資料がある。そこで、国土地理協会が発行していた『国土行政区画総覧』に収められている、北海道から返還直後の沖縄までの、通称地名に至る数十万件の地名に使われている漢字が、手作業で拾い上げられていったのである。

その作成作業を記録した当時の行政管理庁行政管理局による『行政情報処理用標準漢字選定のための漢字使用頻度および対応分析結果』（一九七四年）という孔版《こうはん》（ガリ版）刷りの資料を開くと、「嫩」は、『国土行政区画総覧』に収められた地名での使用が唯一の根拠となって、ＪＩＳ第二水準に採用されたものであったことが明示されている（その細かな調査の方法については、『増補改訂ＪＩＳ漢字字典』（日本規格協会、二〇〇二年）の解説にゆだねる）。では、その貴重な地名とは、何か。

ＪＩＳ漢字の選定作業の対象となった『国土行政区画総覧』の一九七二年当時の状態を復元するために、筆者は、都合三メートルほどに達していたその資料を通覧する調査を担当した。量がそこまで膨大だったのは、それが毎月の加除を経てきたことによる。その「ガラ」と呼ばれた、情報が古くなって除去された頁《ページ》（除去号）も、奇跡的に保管されていたのであった。

そのときに、調査に当たって判明した漢字の出自については、小著『国字の位相と展開』（三省堂〔二〇〇七年〕）に詳細を記しておいた。ただし、漢和辞典に、同じ形をもつ字が偶然か否かにかかわらず掲載されている「𡚴」のようなケースについては、公表する機会を得なかった。そこで本書では、当時の記録から引いていこう。

一九七五年十月に新しい情報を印刷した頁と入れ替わって抜き取られた紙（除去号と呼ぶ）の四五八号二三四二頁に「𡚴迫《わらんざこ》」という地名が出現していた。そこは、現在は、熊本県宇城市小川町西海東𡚴迫《うきしおがわまちにしかいとうわらんざこ》、かつては下益城《しもましき》郡小川町西海東𡚴迫という地だった。地元では、「わなんざこ（さこ）」という読みもあるそうだ。

一九七五年十月除去号二三四二頁　𡚴迫

前述の「うわなり」は、江戸時代から「うらなり」と訛《なま》って怨霊《おんりょう》の意で用いられた例があり、この「わらん（わなん）」も、その転訛《てんか》であることがうかがえる。この地名には祝言に七人もの白装束が躍り込んで騒動となった家があることによるとの伝承もあり、中世期には「わなり坂《さか》」であったという文書も残っている（『海東村史』〔一九五二年〕ほか）。今、そ

宇城市嫐迫　現在の嫐迫地区。戦国時代にこの字が用いられたという伝承がある（写真・小島知子）

こを空中写真で見れば、その地名のあたりにいくらかの民家が建ち並んでいる。

この小さな地名が日本国内に存在しており、そしてこれを見落とさずに、通産省主導のもとでＪＩＳ第二水準に採用させた、当時の名も伝わらぬ方々の地道な仕事に敬服せざるをえない。この採用のお陰で、こうした歌舞伎の外題《げだい》のような文化遺産まできちんと入力できるに至ったのであった。

地名について電子情報をきちんとやりとりさせようと志したＪＩＳ漢字の思想や目的設定は立派であった。今や、パソコンでは、ＪＩＳ漢字をすっかり取り込んだユニコードで文章が打てるようになっている。しかし、メールなどでは、ＪＩＳ第二水準までの漢字でないと文字化けを起こしてしまうのが現状である。

ＪＩＳ第二水準までに入っていない漢字は、パソコンでは打てない字とほぼ同義だった。今なおケータイでも、安心して使うことができない。そうした不便を理由に、漢字ごと抹消されてしまった地名さえもあったのだ。福島県の「楪《ゆずりは》」、愛知県の「䈎《なめら》」、「樮《ぐみ》」がその例であり、これらの字は『国土行政区画総覧』にはないが、各地で地名のために辞書から見つけ出されたもの、新たに作られたもの、あるいは形や意味が変わったものなどである。

ＪＩＳ漢字の地名表記のためという採用の動機はともかく、そこでの採用の結果として、「嫐」のような漢字の収録は、このように東アジアの言語や文化の記録、日本語による情報の電子化、そして日本人らしい漢字の細やかな使い分けにまで役立ったのである。

大学生たちに、「嫐」の読みや意味を尋ねてみる。「なぶる」やとくに「うわなり」と答えるのは少数である。動詞では「いたぶる」「つれそう」「もてなす」「もてる」「はべらす」「もてあます」、名詞では「しゅうとめ」「おいっこ」「黒一点」、そして「うわき」「ふたまた」「一夫多妻」「ハーレム」、さらに「おかま」という答えが出てくる。

さらに形容詞では「みにくい」「やましい」まで、当て読みが次々と登場する。三角関係、色男、きょうだい、愛人、女々しい男などの意味も想像する。修羅場とも理想郷とも取れる具体的な字面を目にすると、そこからさまざまにイメージが膨らむようだ。

「人」「食」のような象形文字や「絆《きずな》」のような形声文字であっても、「二人の人が支えあっている」「人に良い」「糸を半分ずつもって」などと会意文字のように分析してしまうことは、日本人の得意とするところである。そのため、「嫐」には、さらに新しい用法が世の中に出て、広まる可能性が秘められているようである。

2　「めおと」は仲良く「娚」と一字に

第1節で述べたように、市川家のお家芸の歌舞伎十八番に選ばれた「嫐」という一字がＪＩＳ漢字に採用されたのは、実は歌舞伎外題などの文化・文芸において見られるためではなく、熊本県にある小さな地名「嫐迫《わらんざこ》」にあったためであった。

なお、「女男女」を入れ替えて「男女男」とした漢字の「嬲」も、同じく小地名に用いられている（たとえば秋田県横手《よこて》市や山梨県南《みなみ》巨摩《こま》郡身延町《みのぶちょう》に江戸時代あたりから嬲沢《なぶりざわ(さわ)》という地名がある）のだが、それに限らず、「嬲る」で「なぶる」という読みが前述のとおり一般的に比較的よく使われてきた。男が多い「嬲」の字は、そうした複数の理由から、ＪＩＳに採用されたものである。

すでに触れた、女が多い「嫐」、男が多い「嬲」に対して、「男女」が対等になっていて睦《むつ》まじく見える「娚」という字は、どうだろうか。これもＪＩＳ漢字に採用されている。中国では「娚」は「嫐」の誤字という説のほか、「喃《なん》」と通じさせた、「くどくどと語る声」という字義しかもたなかったが、俗文学では交接の意にまでなった。宋《そう》代の『集韻《しゅういん》』には、束《そく》晳《せき》という人がこれを書いたとあるので、これももとをたどれば六朝時代に生み出された俗字であったのだろう。本節では、この文字に迫ってみたい。

この「娚」も、実は石川県金沢市にある娚杉町《めおとすぎまち》という地名での使用が唯一の根拠となって、JIS漢字に採用されていたのである。

一九七三年一月除去号八九一―五頁　娚杉町《めおとすぎまち》

JIS漢字の第二水準には、このように地名から採用された漢字が少なくない。その字が使用度数の少ない僻字《へきじ》であっても、古くから漢字辞典にあるとおりの音義で用いられたものもある。ほかに、漢和辞典にその字体は載っているが、音訓はそれとは関連がなく、別に地元で造られたり、改造された字だと考えられるものがある。後者は、国訓、地域訓といえる。

通時的に見ると、

①意味がずれているが、辞書からそれらしい形をした字を探し出してきて当て読みしたもの

②辞書にあるとおりに使ってきたが、後に特定の地域で変化が生じたもの

のほか、
③ある地域での造字が、辞書に載っている関連のない既存の漢字と「衝突」を起こしたものもある。
金沢の「娚杉」は、この①か③に当たるものであろう。現在、地名のほか、「娚杉」（めおとすぎ・みょうとすぎ・おいすぎ）という姓もあることが知られているが、JIS漢字選定のときには、姓のほうは制定委員会の中では気付かれていなかったのである。
JIS漢字を選ぶときの有力な材料とされた『国土行政区画総覧』という合計三万三〇〇〇頁に達する地名資料を確認していたときに、JIS漢字の選定作業よりも後の時期に、次の印刷上の事故が起きていたことに筆者は気付いた。似た字体の字を誤植してしまったのである。

一九七六年五月除去号八九三頁　娚杉町《めおとすぎまち》

『国土行政区画総覧』は加除式の資料なので、一時期この字で発行されていたのである。この「嫏」という字は、音読みでヘイと読み、めとる、婚約するといった意味をもつ字で、「娚」とはもともと何の関係もない。JIS漢字の選定作業のときに参照された紙面でなかったのが幸いであった。

石川県の嫐杉町は、江戸時代には村の名だったのだが、現在はもう住民がいないそうだ。「みょうとすぎ」などの訛りも諸書に記録されているところを見ると、地元ではよく使われた地名だったのだろう。今でも、「嫐杉少年の森」という施設などがその地にある。近辺の小地名に「嫐岩《めおといわ》」もあった。こうしたものは、そこにあった木や岩の特異な形状から名付けられたものだろう。各地に「夫婦岩」「女夫岩」「夫婦杉」の類《たぐい》がある。金沢では由来の伝承は見当たらないのだが、江戸時代から「嫐杉」のほか「嫐滝《めおと》」も存在していた。このあたりでは、「めおと」として女・男を合体させたこの字が好まれていたようだ。

隣の富山県にも「嫐滝」があった。小地名としては、ほかにも四国の愛媛に「嫐岩《みょうといわ》」「嫐石《みょうといし》」「嫐山」があり、九州は福岡にも「嫐木《めおと》」が見られる。一般的な辞書に載るわけでもないこの読みがこうして列島に散在するのは、まだ狭かった識字層の中で、ある一つの概念を一つの漢字に集約したいという同じ思いが各地で結実した結果だろう。

「嫐」という字は、日本では、「甥《おい》」の意味として室町時代の辞書に現れ、「しゅうと」としても江戸時代に使われることがあった。また朝鮮半島では、「娚」は古くより金石文《きんせきぶん》をはじめとする諸文献で用いられており、女から見た男兄弟のことを指し、訓読みではオラビ、音読みではナムと発音していた。中国の俗語では、「舅《キュウ》」に類似の意味もあることが指摘されているが、朝鮮半島に独自のものといえる。このように漢字圏にある三か国で、少しずつ違う発想で、同じ字体を使っていたことが興味深い。そしてこの字を今なお、風前の灯火《ともしび》ではあるが使用しつづけているのが日本なのである。それどころか、西炯子《にしけいこ》の漫画『娚《おとこ》の一生』という新しい用法も現れ、映画化、小説化までされている。

今、こうしたさまざまな「娚」の軌跡をパソコンなどで文字化けの心配もなく表記できるのも、ひとえに金沢の地名のお陰なのであった。

むろんJIS漢字は、すべての「漢字」をカバーしたものではない。

江戸の戯作本《げさくぼん》には、「男」偏の右に「女」を左右逆に書いて「嫐」で「ふる」という戯れの造字が見られる。袖《そで》を振ることから生まれた「ふる」、「ふられる」ということばは古くからあるのだ。この字の場合、女性が男性をふっているように見える。結婚してからの三行半《みくだりはん》よりももっと前の状況を表しているものだろうか。象形文字と会意文字が好きな日本人の「血」の一つの源流をここに見る思いがする。

男・女の組み合わさった漢字については、ここまでにしよう。次節ではさらに地名の漢字がJIS漢字に与えた影響の大きさについて、違う角度から述べていきたい。

3 山田耕「筰」の秘密

山田耕筰《やまだこうさく》は、「赤とんぼ」「ペチカ」などの作品で日本の音楽史に燦然《さんぜん》と輝く作曲家である。日本語学界でも、歌詞の「赤とんぼ」の「あ」を高く発音するような当時の東京式アクセントを忠実に音階に取り入れたことでよく知られている。その本名は、もとは「山田耕作」、つまり「作」という字には竹冠がなかった。

戦後間もない一九四八年に、彼自身によって書かれた「竹かんむりの由来」というユニークな文章がある。山田耕筰の全集に収められたそれによると、明治時代に日本で作られた「姓名判断」と呼ばれる占いが、当時、すでに彼に信じられていたことが記されている。また、「山田耕作」には同姓同名の人が、語呂《ごろ》がよいためもあって「百名以上」と多く、トラブルが絶えなかったそうだ。

そうしたことのほか、指揮棒を振る彼の後頭部の髪が少なくなったことを、知人からするどく指摘されたことが、彼の本名の漢字に大きな影響を与えることになった。せめて名前の上にカツラを着せてみようかと、発音が同じで、カツラの「代用になる字」を「見つけ出した」。「笮」が「毛」すなわち「ケ」二つを加えたようにも見えたそうなのだ。『康熙字典《こうきじてん》』（第三部に詳述する）を「漁りめくっ」て見つけ出した、その珍しい字をペンネームとして用いていくのである。「笮」は細い竹をよって作った綱を表す。戦後になると、通称の永年にわたる使用ということを理由にしたものであろうが、一九五六年の再婚を機に、戸籍上も「耕笮」に改名したことが知られている。活字が足りなければ、字を削って作字まで行うという活版工を少年時代に経験し、さらに篆刻《てんこく》も趣味としていたことと関係するものだろう。

今ではあまり使われなくなった字書である『康熙字典』を用いていた点にも時代性を垣間《かいま》見《み》ることができる。遡れば、福沢諭吉《ふくざわゆきち》なども、西洋語への訳語にふさわしい漢字を求め、同じその清《しん》朝皇帝による勅撰《ちょくせん》の字書を用いていたと、事実か否かは別として晩年に述懐していた。

さて、今日、音楽を専門としない大学生たちも、その名をわりとよく知っている。記憶を思い出して手書きしてもらうと、

①耕作

のほか、

②耕作

③鞴筰
なども現れる。つまり、①そのせっかくのカツラの「ケケ」（竹冠）をまたなくしてしまったり、②その位置を前にずらしたり、③前にも増殖（増毛といえるか）させたりする者がいるのである。よほど印象深いのか、竹冠がうろ覚えながらよく残っているようだ。

実際に、竹冠の位置が見事に前方にずれた新しい字体によって、その名が印刷されたパンフレットも目撃したことがある。実は、山田耕筰自身も、そう間違えて書いてくる人、ついには姓の「山」まで竹冠の「籔《やぶ》」と誤って手紙を出してくる人がいる、と嘆いている。

ちなみに、当時、最初の漢字制限が試みられていた時代（後述）の中で、折悪《おりあ》しく、その実施の翌日の「東京日々」（東京日日新聞）紙上で、この改名が発表されたのだそうだ。耕筰自身の文章によると、その難しい漢字を復活させたことは、「相当社会の問題になった」のだそうだ。迷信的で、しかもせっかくの漢字制限を、一人で阻止しようとするような横暴さが気にくわないと叱《しか》り、「ケ無しの作」で手紙をよこす人もあった、とその一過性の時代相を語っている。

思わぬところから、漢字政策と関わってくるものである。改名当時は、「常用漢字表」が修正を重ねられていた時期で、筆者も携わった平成の「常用漢字表」の改定を思い合わせると、新たな関心もわいてきた。政策側の記録、情報なども総合して考えると、改名は一九三

○年十二月の、どうも四日のことのようだ。この新聞は「毎日新聞」の前身の一つであり、筆者の勤務する早稲田大学の図書館のサイト上で見られるので、その記事をきちんと確認してみたい。しかし、その月内の紙面上には、見た限りでは見つからなかった。

たまたま、「毎日新聞」のコラム「校閲インサイド　読めば読むほど」に「「山田耕筰」と思い込み」（一九九九年六月二十九日東京版朝刊二九面）と題する次の記事が目に入った。名前の一字を「筰にしたために運が向いてきたから、白秋《はくしゅう》にも糖尿病発病後、伯秋と雅号を変えるように進言しています」という読者からの投書を紹介したものだ。白秋とは、あの詩人、北原《きたはら》白秋である。この「にんべん」は、竹で毛なのだから、「イ」で胃だろうか。あるいは胆、医あたりか、それとも単なる画数占いによる二画の増補だったのだろうか。あいにく白秋は、その機知を聞き入れなかったのだろう。

「読売新聞」や「朝日新聞」では、改名の翌年に当たる一九三二年四月二十一日に、「常用漢字」のことが記事になっている。翌日の「東京日日新聞」を朝夕刊ともによく見たが、山田耕筰改名に関する記事などはやはり見当たらない。

その一九三一年に、漢字制限への反対勢力に取り囲まれ、修正を重ねる羽目に陥った常用漢字を巡る問題はやっと進展を見せた。漢字政策に関するいくつもの研究書から、五月八日に議決、六月三日に官報に掲載との日付が分かったので、それぞれの日を含めて三日間分の

「東京日日新聞」をチェックしてみる。「常用漢字」についての記事ならば五月九日に見つかった。しかし、やはりそれらの間の紙面に、彼の改名の記事は見つからない。それどころか、六月五日には別の記事の中に、しれっと「山田耕作氏」と出ていた。この時点では、まだ「ケケ」の追加は、記事になっていなかったのだろうか。

当人の回顧であっても、記憶違いということもあるかもしれないし、筆者の見落としもあるかもしれないが、いくら有名人だったからとて、そんな暢気《のんき》な記事が載るものだろうか。いや、切迫していた時代だからこそ、むしろそういう記事もありそうな気もしてくる。新聞の内容にも、戦前にすでに地域差があったし、版による差も存在した可能性もある。データベース化されていない広告などもありそうだ。これについては、またゆっくりと探すことにしたい。いずれ、「毎索」（毎日新聞社のデータベース）のキーワード付けも遡及《そきゅう》して付されれば、検索でヒットすることだろう。

そうしたエピソードまでもっている、著名な音楽家の山田耕筰の名前が、ワープロやパソコンできちんと打てたのも、実はＪＩＳ漢字のお陰だった。なお、パソコンやケータイに内蔵されている仮名漢字変換のソフト・辞書が「やまだこうさく」を「山田耕筰」と一発で変換できるとすれば、それは、ＪＩＳ規格によってコードがきちんと定められたそれらの漢字を、編集画面上に引っ張り出すためのツールの性能がよいということで、ＪＩＳ漢字あっての応用技術なのである。

「筰」の字に関して『JIS漢字字典』では、「矢筰《やはぎ》」という愛知の小地名を引用している。筆者はこの字典の編纂《へんさん》にも関わったのだが、これは「全国町・字ファイル」という、比較的細かな現行地名までが電子化された公的なデータが出所だったはずだ。豊川市《とよかわ》篠束町《しのづかちょう》に現存している。この二字では「やはぎ」とは読みがたい。これは「矢作《やはぎ》」に、その素材である「竹」を冠として付加したものだろう。

「筅」という漢字は、中国では字義が矢《や》であり、平安時代の『和名類聚抄《わみょうるいじゅしょう》』という辞書でも「や」という訓が与えられている（さらに奈良時代の『万葉集《まんようしゅう》』などにおいては、植物のヤダケ・矢の竹の一部分という意味をもつ「の」〔箆〕として用いられている。そこから、さらに万葉仮名として「の」乙類の発音に万葉仮名として当てていた）。

これらの用法の存在から考えると、この地名表記も、おおもとは「筅作」だった可能性がある。これもまた、「耕筰」に誤って生じた上記のケースと同じように、竹冠の位置が後方の字に転倒して、たまたま「耕筰」の「筰」と同じ字体となったとも考えられる。さらに「矢筰」で「やさく」と読ませる名字もあるとネット上には出ている。「作」は、どこかから竹冠を持って来たくさせる、ほとほと罪作りな漢字なのかもしれない。

ともあれ、これらの地名と姓は、たまたまJIS漢字選定とは無関係なデータの中から見つかったものにすぎない。ＪＩＳ漢字策定の現場では、下記の用例しか知られていなかったのであった。

一九七四年十二月除去号二二〇一－三頁　筰ケ田《しょうけだ》

この地名は福岡県久留米市《くるめし》安武町武島《やすたけまちたけしま》に現存している。この小地名での漢字使用が唯一の根拠となって、「筰」はＪＩＳ漢字の第二水準に採用されたのだった。先の「やはぎ」という小地名も、その恩恵を受けたことになる。

この「ショウ」という読み方は何だろうか。音読みの一つ「シャク」が変化したものだろうか。「筰」は、中国の漢字としては、舟を引くときなどに用いる竹製の綱を指すくらいの意味しかもたない、用途の狭い字だった。「迫る」などの意もあったが、音楽に関わりそうな楽器の意味などはない。「笙《しょう》の笛」「簫《しょう》」が想像されるが、関連はないようなのだ。

「筰」は、現代の日本においては、地名や姓としては、ＷＥＢで検索してもほとんどヒットしなくなっている。つまり、作曲家として名を馳《は》せた、山田耕筰という名前を表記するためにあるような字となっている。その名がこうしてパソコンで自由に打てるのも、またＪＩＳ漢字の小地名収録の、いわば余沢といえるものであったのである。

4　「麸」と「麩」

「麥」は「麦」の旧字体だ。「麦」は、「來」が「来」のように、いやそれよりさらに続けて略して書いた筆法から生じた略字である。近年では「來」が歌手の倖田來未《こうだくみ》などの名にときどき用いられているが、「来」の旧字とは認識しておらず、そういう単独の字だと思い込んでいる大学生が増えてきた。

これらの「麥」「麦」を部首として使っているものに、小麦粉でできたメンを表す漢字がある。これは、一九七八年に制定されたＪＩＳ漢字の第一水準には、「麺」という複雑な「麥」を繞《にょう》にした字体で採用された。その五年後の改正によって、第一水準の他の平易な漢字に合わせて、これが「麺」へと字体が変更された。この字は曲折を経ていく。

その消えたかに見えた「麵」は、二〇〇四年に公布されたＪＩＳ漢字の第三水準の中に、改めて「麵」として追加され、ＪＩＳ漢字として「復活」を遂げた。しかし、メールなどではあらぬ文字化けを起こしてしまう危険性がなおも解消されてはいない。

手書きの文字と活字とで字体を一致させることは、かつて当用漢字が目指した理念であった。当用漢字表は、戦後間もない一九四六年に、漢字を制限することを目指した政策である。

それは、人々に次第に両者を一致させなくてはならないという硬直化した観念を醸成する一方、字体に基づく感覚的な表現の幅も広げることとなった。

近年、塩コウジがブームとなった。実は「麹《こうじ》」にも「麴」という古風な字体がある。これも「麺」と同様に、JIS漢字では字体の変更、追加が起きていた。千代田区《ちよだ》の「麴町《こうじまち》」は、地名としては「麴」のほうが正式なのだが、地下鉄の駅では「麴町」と「麹町」とが並んで表示されており、街中でもとくに中心地を離れて周辺部に行くにつれ、略字の「麹町」の比率が増えて逆転してしまう。

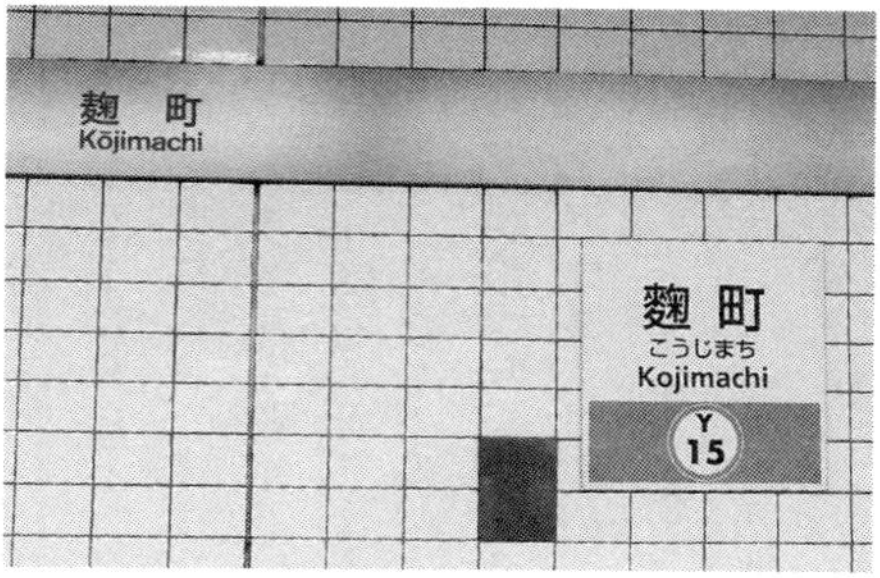

東京メトロ有楽町線麴町駅の表示　「麹町」と「麴町」の２種類が見られる

なお、羽田《はねだ》空港の近くにある「糀谷《こうじや》」などに使われている「糀」は、同じコウジでも、麦ではなく米からできているものを、より実感を得られるように表そうと、日本で作り直した国字である。ほかに、両者が交じった「䴬」「粷」など、さまざまな字体が用いられてきた。

「麦・麥」「麺・麵」「麹・麴」を示してきたが、パソコン、ケータイ、そしてスマートフォンといった近年の電子情報機器を支えているのは、こうしたJIS漢字である。JI

Ｓつまり日本工業規格になく、国際的な文字コードであるユニコードにだけあるという字は、メールやＬＩＮＥなどで送ると文字化けを起こす危険があるが、ＪＩＳ漢字のとくに第二水準までに収められた字は、原則として文字化けなどしない。どうせ使いそうにない字だといって、ＪＩＳ漢字の珍しい字のコードに、全く別の字のフォントを埋め込むことで、その場凌《しの》ぎの表示を行わせるようなソフトは、そう多くない。

二〇一〇年には、グルメブームの風を受けて使用頻度の高まった「メン」が、ついに常用漢字表に採用された。筆者も委員としてその選定に関わったが、その際に、字体をどうするかについては多くの議論の末、例外的な措置として、「麺」という略字（国語政策では「簡易慣用字体」と称されていた）で、常用漢字表に入ることができた。このほうが字体をきちんと理解しやすく、すでになじみも強いという人が多いといった実情をふまえての結果だ。いや、本格中華や縮れめんには「麵」のほうがよい、という声も聞こえる。そういう日本人らしい繊細な使い分けは、個々人で楽しんでもかまわないのが、漢字の懐の深さであり、制限ではなく目安を示す現在の漢字政策の緩やかさである。

それに対し、小麦粉でできた「フ」はどうだろうか。「麩《ふ》」はもともと小麦製のフを表す漢字だったので、この字を、日本のグルテンを用いたさまざまな食品に応用して当てることは、厳密には国訓に属する可能性がある。

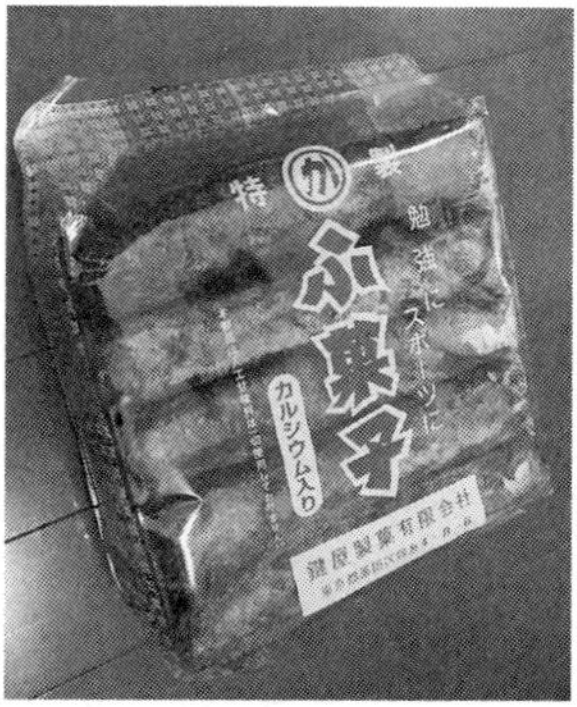

鍵屋製菓の「ふ菓子」

常用漢字表に入るほどの使用頻度はないが、「麩」のほかに略字の「麸」もあちこちでそこそこ見かけるだろう。筆者が逸品だと思っている二つの品、「麩菓子」（とくに東京都墨田《すみだ》区錦糸町《きんしちょう》の鍵屋《かぎや》製菓のもの）は「ふ菓子」、おでんに欠かせないが関西では知られていなかったり不人気だったりする「竹輪麩《ちくわぶ》」も「ちくわぶ」と、漢字表記よりもひらがな表記が増えてきた。しかし、まだ店頭に並ぶ「フ」の包装においては、漢字のほうが意味が特定され、キャッチーで高級感が醸しだせるためか、「麩」も「麸」も健在である。そして、江戸期の版本（『役者 餠《かんあがり》』など）や、ネットでも「麩」や「麸」が普通名詞としても安定して使用されている。これにも裏話が見つかった。

ＪＩＳ漢字には、「メン」と違って「フ」は両方の字体が一九七八年、つまり最初のＪＩＳ漢字の第二水準に採用された。そのため、「メン」よりもむしろ使用頻度の低い「フ」のほうが、パソコンで新旧の字体を贅沢《ぜいたく》にも選んで打つことができる、という不思議な状況が起こっていた。一九八三年の改正でも、第二水準に両方が並んでいたため、字体の変更や入れ替えは施されなかったのだ。

それまでの辞書にはほとんど載らなかった略字「麸」が、このようにパソコンなどで自在に入力でき、検索も可能という状態は、実は第2節の「嫐」と同じく、これも地名における漢字使用が直接の原因となって生じていたものであった。それは、ひとえに新潟県新発田《しばた》市の地名、「麸屋町」のお陰だった。江戸期から昭和まであった町名で、麸職人の住んだ城下町に由来するものだそうだ。そのあたりの名産である車麸も思い出される。

例によって、ＪＩＳ漢字を作成する際の主要資料であった『国土行政区画総覧』から、引用しておこう。振り仮名もない旧地名だった。

一九九〇年八月除去号七六五頁　麸屋町

『国土行政区画総覧』には、「麩」という古くからの字体も現れていた。これは、地名になくとも他の資料から採用に至ったはずである。なお、実際の下記の地名（現愛知県津島《つしま》市）は、紙面上では、「麦」の最後の画は、繞のように字の右下まで払ってはおらず、「丶」で止めている活字「麸」が使われていた。これは一般の意識では、気にする必要のない、デザインのレベルの差ともいえそうだ。

フヤ町パーキング
フヤ町パーキング
第二ふや町ビル
麸屋町通り
Fuyacho dori
中京区麩屋町通
Nakagyo-ku Huyacho-dor
中京区
麸屋町通竹屋町北
후야초도리 다케야마
京都麸屋町竹
麩屋町通《ふやちょうどおり》
Fuyacho dori

さまざまな「麩屋町」表記

一九七五年一月除去号一二五八頁　池《いけ》麸《ふ》町《ちょう》

ちなみにこの資料では、京都の地名としても「麩」という古い字体が使われていた。京都の市街地を南北に走る、平安京の富小路《とみのこうじ》に当たる、二・三キロにわたる通りの名だ。ここも、江戸時代には、フ屋があったらしいことが記録されている。

一九七六年十月除去号一四二一頁　新《しん》麩《ふ》屋《や》町通《まちどおり》

一九七六年十月除去号一四三六頁　麩《ふ》屋《や》町通《ちょうどおり》

京都を探訪して、当地を通ってみると、「麩」と「麸」という両方の字体が使われている。異体字や誤字と思《おぼ》しきもの、中国語表示の簡体字（麸）、仮名表記まである。「麩」をよく手書きする機会をもつ人たちは、簡易な字を選び、捨てがたいのは当然のことである。地元でひっそりと育《はぐく》まれている字は、日本中にある。

5　小地名用のＪＩＳ漢字に救われた古文書と黄表紙

小地名からＪＩＳ漢字に採用された漢字には、地名以外の意外なところに活躍の場を見つけたものがある。これまでに取り上げてきた「嫐」や「娚」もそうだし、「筰」も「麸」もそうだ。実は、それらにとどまらない事実を、さらにご紹介したい。

御家流《おいえりゅう》と呼ばれる、公的ながら今となっては読みにくい独特な崩し字で書かれた近世の文書を解読することがある。市民講座などでも生涯学習の一つに位置づけられているとあちこちで聞くし、講演にうかがうと、実に熱心に読解にいそしむ方々に出会う。

変体仮名を含めて読解した文書は、楷書体《かいしょたい》つまり、六朝時代に生まれ、現在私たちがふだん書いている直線の多い書体の漢字と現在のひらがなに手書きで直し、それを活字に組んで翻刻したものが各地の町史などに記載されることがある。こうして地元の歴史を振り返るための、読みやすく、扱いやすい史料となるのだ。

今では、鉛製の活字ではなく、パソコンで打っていちいち漢字に変換することで、その翻字が行われている。その際に、次の五つの字がきちんと情報機器で入力できるのも、ひとえに小地名採用のお陰だった。

「娵」

「めとる」は「娶る」と書く。上手に当てたものだと驚くが、むしろ「娶」という漢字の字面を見た日本人が、そのまま和語に置き換えて「めとる」という語を造ったと考えられている。熟語ではなく単字レベルで行われた、一種の「拗字造語」といえる。

これを下敷きに、中国では星座や美女などを指した「娵」の字を、日本で「よめ」と読ませたのだろう。漢字の「嫁」や「娌」「媳」とともに、江戸時代にはよく使われた。明治以降、「嫁」に一本化されていき、「嫁」が当時の文部省、そして国の公認を得たのだ。「家にいるからヨメ」というのは、現代人の発想だが、古文字学者の白川静《しらかわしずか》は、嫁した婦人が家《か》廟《びょう》に仕えることと、他の字と同様に古代中国での信仰と結びつけた解釈を示した。

江戸時代に戻ると、こうした庶民の一般的な使用文字が、地名の漢字を選ぶときにも利用されたのだ。時代はこうしてつながっている。地名の一大資料である『国土行政区画総覧』の下記の愛知県稲沢《いなざわ》市の小地名から、JIS漢字に採用されたために、こうして近世文書に頻出する「娵」の字は外字として「〓」マークとなって処理されてしまう、などということをされずに済んだのだ。ここは古くは「娌振《ひめふり》」だったとされるが、「娌」も「よめ」と読むため、変わったのであろう。近年、「嫁」の使用が多いようで、地元では「嫁振」が公民館のほか日光川《にっこうがわ》に架かる嫁振橋という橋の名としても親しまれている。

一九七八年五月除去号一二八五—一〇頁　娵振《よめふり》

「𢫫」

市場でのセリは「糶《せり》」が相当する漢字なのだが、いかんせん画数が多すぎる。維新を経て唐様《からよう》の楷書に切り替わる明治の初めまでは崩し字が主流だったとはいえ、やはり書きづらく、また右側の部分からは意味が取りにくい。かといって「競《せり》」は「きそう」など他の訓義もあって紛らわしい。「𡛸」と同様に、「取」という字を旁《つくり》に選んだ会意的で分かりやすく書きやすい字が、日本で「せり」にあてがわれ、近世の文書などに使われるようになった。

この字は、中国では、古くからあるものの「まもる」「とじる」「たきぎ」などという意味しか表さない字だった。これも、次の青森県十和田《とわだ》市の小地名からJIS第二水準に採用された結果であった。

一九七三年八月除去号一一七―二頁　中𢫫《ちゅうせり》

「㖩」

ウソは「嘘《うそ》」が定着する前には、「譃《うそ》」とも書かれ、「㖩」もよく用いられていた。中国では「むせる」といった意味しかないが、日本では「空言」に合わせてこの字が会意風に解され、ウソに当てられたのである。文書のほか、戯作の翻刻でも、この「咥」というＪＩＳ漢字はたいへん重宝した。たとえば、一七八三年（天明《てんめい》三年）に刊行された奈蒔野馬乎人《なまけのばかひと》作の黄表紙に、『咥多雁取帳《うそしっかりがんとりちょう》』（喜多川歌麿《きたがわうたまろ》画）がある。これも、ＪＩＳ漢字に入った理由はただ一つ、下記の秋田市内の二つの小地名からなのであった。前者には民家がわずかに建つ。

一九七四年七月除去号二〇三―三頁　咥市《おそいち》
一九七四年七月除去号二〇三―三頁　下咥市《しもおそいち》

「皈」

「帰」という字は、かつては「歸」が正字体とされた。中国の六朝時代には、戦乱で国が乱れたこともあって、もっと簡単で覚えやすい構成を求める人が増えたようで、「皈」や「皈」と略す俗字が生まれ、民間での書写において大いに流行した。日本でも古書・古文書には早くからこの字体がよく見られ、翻刻にも「皈」が活躍している。

仏教の世界でも、この字体はお経などで使われ、卒塔婆《そとば》にもこの字体がときおり見られる。卒塔婆に文字をプリントアウトできるプリンターまで商品化されているが、そうしたものでこの字がきちんと打てるのは、実は下記の愛知県丹羽《にわ》郡扶桑町《ふそうちょう》内の小地名のためだった。

上記の「㚢振」と近い場所にあり、同県が小地名を比較的よく残していることを物語る。

一九七八年五月除去号一二八五―七頁　伊勢㚢《いせがえり》

なお、この小地名は、一九九三年十一月除去号で、「伊勢㚢（この紙面では皈のようにも見える）」から「伊勢帰」へと、普通の字に変えられてしまっている。

このように、小地名における漢字は、日本のかつての現実の文字使用の実態というものをかなり広範に反映しているものだった。いかにも地名らしい「田」「川」「野」「山」といった漢字ばかりが使われていたわけではない。そして、各地の庄屋《しょうや》・名主などの識字者が小地名を帳簿類に表記するために用いたその字種は、合計すると五〇〇〇種を下ることはない。

そのバリエーションの広汎さが、「㚑」「㛎」といった字種さえもカバーすることとなり、ついにJIS漢字を媒介として、それらが日本の各種の幅広い文化事象の電子化に貢献した、と見ることができるのである。小地名は結果として、日本での使用文字をよく代表していたという側面も見えてくる。その小地名が戦後に行政が推進した住居表示の変更といった施策と、多くの住民の無関心によって各地で失われつつある、というのも皮肉な現象といえる。

そうした中で、埼玉県八潮《やしお》市で「垳《がけ》」という方言漢字（地域文字）を用いた地名を守る運動が起きたことは、注目すべきであろう（後述）。

卯月《うづき》、卯の花などの「卯」という字は、毛筆では書きにくいため、しばしば「夘」という字体で書かれた。今でも、「柳」を用いた姓には「木」偏に「夘」を用いる方がけっこうおいでである。電子化が進む今は失われつつある文化だが、書きやすさを求める筆記の経済というものは、正しいとされた字体の遵守よりも優先することがあった。コンピューターによって、こういう手で書きやすい字が意外なほど採用され、そしてそのために逆に手書きされなくなっていく、というジレンマがここにはある。

近世前後の書物や文書、石碑では、十二支としてもよく使われるために「夘」が頻出するのだが、それを原典の字形のとおりに「夘」と翻字することがある。これも、下記の地名のお陰といえるものだ。

「夘」

一九七八年五月除去号一九五－九頁　夘時《ぼうず》

この小地名も、一九八七年二月除去号一九五－一〇頁で「ぼうじ」と読み方が改められた。

宮城県内（遠田《とおだ》郡美里町《みさとまち》）なので、東北のいわゆるズーズー弁による読み仮名を、「時」はズではなくてジのはずだ、と共通語式に変えてしまったものだろう。東北地名ではよく見られる現象であり、逆に変えてしまう「誤った回帰」も見られるほどだった。

「走」を「しんにょう（しんにゅう）」と同様に「赱」と書くような、手書きに特有の異体字、つまり書写体は、『標準コード用漢字表（試案）』（一九七一年）という資料からも、ＪＩＳ漢字へ比較的多く流れ込んだのである。しかし、その資料にさえも載せてもらえなかった実際の異体字が、実はこの「夘」のように各地の小地名から採用されていたのであった。それは、地名を登録した資料が明治初期のものであり、そこには書写体が書かれていたことが後年まで引き継がれた結果だと考えられる。戸籍上で姓に「髙（はしご高）」「﨑（立つ崎）」「𠮷（土よし）」などが維持されてきたケースは、実はこれと同じことと考えると分かりやすい。

それらは、他の漢字と同様に、一九七〇年代のＪＩＳ漢字を選定する際のエキスパートセレクション（専門家による選別）などの過程を経ても残って、ついにＪＩＳ第二水準に採用された。そのことによって、江戸時代の古文書をパソコン上にかなり精確に打ち込むことができ、プリントを作成したり、さらにインターネットで公開したりできたのであった。

6 医学へのＪＩＳ漢字の貢献

講義のあと学生が診断書を手にもって前回欠席した理由を告げに来る。診断書には、たいてい医師の急いで殴り書きしたような字が書かれている。医者の悪筆は世界的に共通する話だそうだ。たくさんの字を現場で急いで筆記するのだから当然だし、その走り書きの筆跡にはほかにも理由があるように思えてくる。

さて、その診断書ではケイツイは「頸椎」と記されている。これは、国語辞典や漢和辞典では「頸椎」となっている。常用漢字表には「頸」も「頚」も入っていない。

しかし、医学の世界では常用されている必須《ひっす》の漢字である。医者は、それをしきりに筆記する必要があった。そのために「経」「径」などの略字（いわゆる康熙字典体は「經」「徑」）が当用漢字で採用されたことを準用し、「頚」という字を使ったのである。その使用は、実際には当用漢字以前に遡る。

こうした略字は、医師の間の集団文字であり、位相文字と呼ぶこともできよう。これは医学書はもちろん、文部科学省と日本医学会が編纂した『学術用語集　医学編』（日本学術振興会〔二〇〇三年〕）などでも正式に採用されている字体なのだ。そして、こうした診断書も、パソコンで打ち出せるようになってきた。電子カルテにだって、この略字体を打つことができる。そうしたソフトで、慣習に従って「頚椎」と医学界の略字で打てるのも、実はＪＩＳ漢字に、またもや小地名からこの字体が採用されたことが直接の原因であった。

『ＪＩＳ漢字字典』には、「東頚城《ひがしくびき》郡」という地名の例が収められている。これは本当だろうか。正式には新潟のそれは「東頸城郡」であろう。ただし、地元の人たちは、手書きでこのように略字を用いている。「頚城平野」については、教科書でもこの字体でよいとされたことがあるほどだ。このようにこの略字は、地域文字ともよべるほど当地で定着を見た。

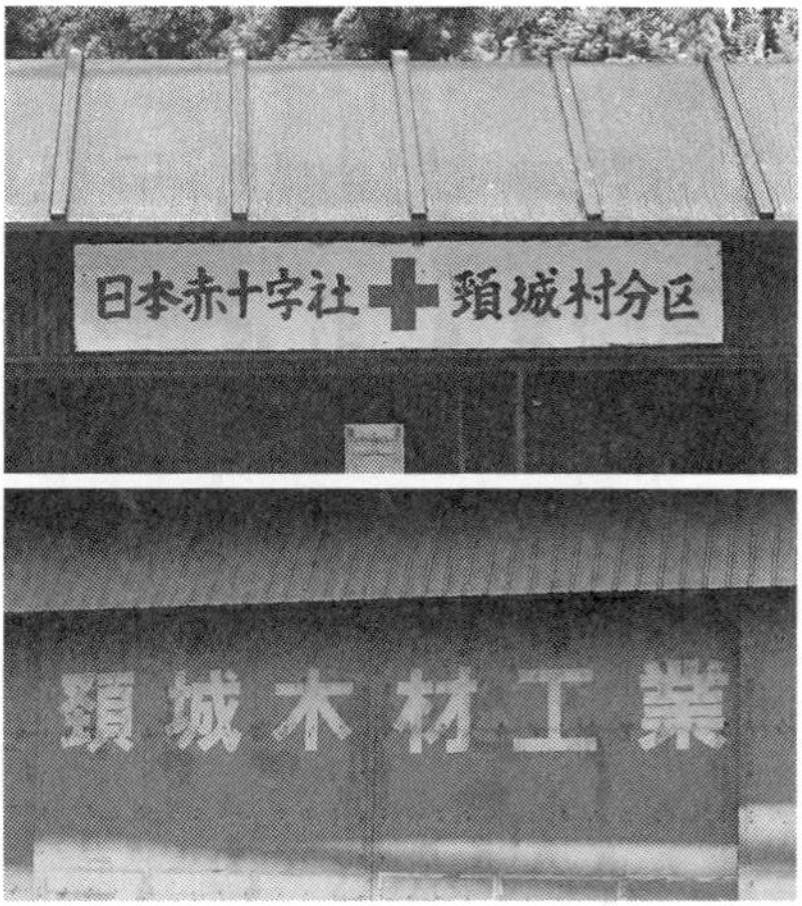

「頚城」を異体字で記した看板

　全国の医師と新潟の地元住民とで、同じ字体を生み出したり使用したりするという符合が興味深い。偶然の一致といえるが、視点を変えれば必然的な帰結ともいえる。頻用する者同士、ともに共通する筆記の経済化を求めたためだ。頚城に住む地元の医師は、なおさらこの字体に慣れ親しんでいることだろう。

多賀町安（あけん）原の
地名表示

『JIS漢字字典』には、人名で「頚一（ケイイチ）」さんも収めていた。手書き文化の名残は、固有名詞によく残ったのだった。こうした「頚」という略字がパソコンやケータイにおいて入力が可能なのは、実は新潟の頚城ではなく、福岡県大《おお》野《の》城《じょう》市の小地名として、下記が出現していたためであった。

一九七五年八月除去号二二二八頁　下牛頚《しもうしくび》　牛頚《うしくび》　上牛頚《かみうしくび》

そこには、牛頚山、牛頚ダム、牛頚川などもあるのだそうで、地元ではもちろん「頸」とも書かれているようだ。ちなみに、同じ音読みケイをもつ「脛」（はぎ・すね）も、小地名と医師とで同じ略字（胫）を使っていた。ただ、こちらは、『国土行政区画総覧』の字体が転記される中で、旁の下部の「土」が「上」に変形してしまうというミスが生じ、誤字となってしまった。そのために、あいにく第二水準への採用には及ばなかった。二〇〇〇年に制定された第三、第四水準には、筆者のこの地名に関する調査結果と、朝日新聞社の当時の活字

（朝日字体）での使用例とによって、遅ればせながら採用されることになった。

滋賀県犬上《いぬかみ》郡多《た》賀《が》町《ちょう》の小地名「𡚴原《あけんばら》」の作字から生じた印刷の「影」によって「妛」という幽霊文字ができたのも、思えばこの『国土行政区画総覧』が端緒だった。全国の小地名

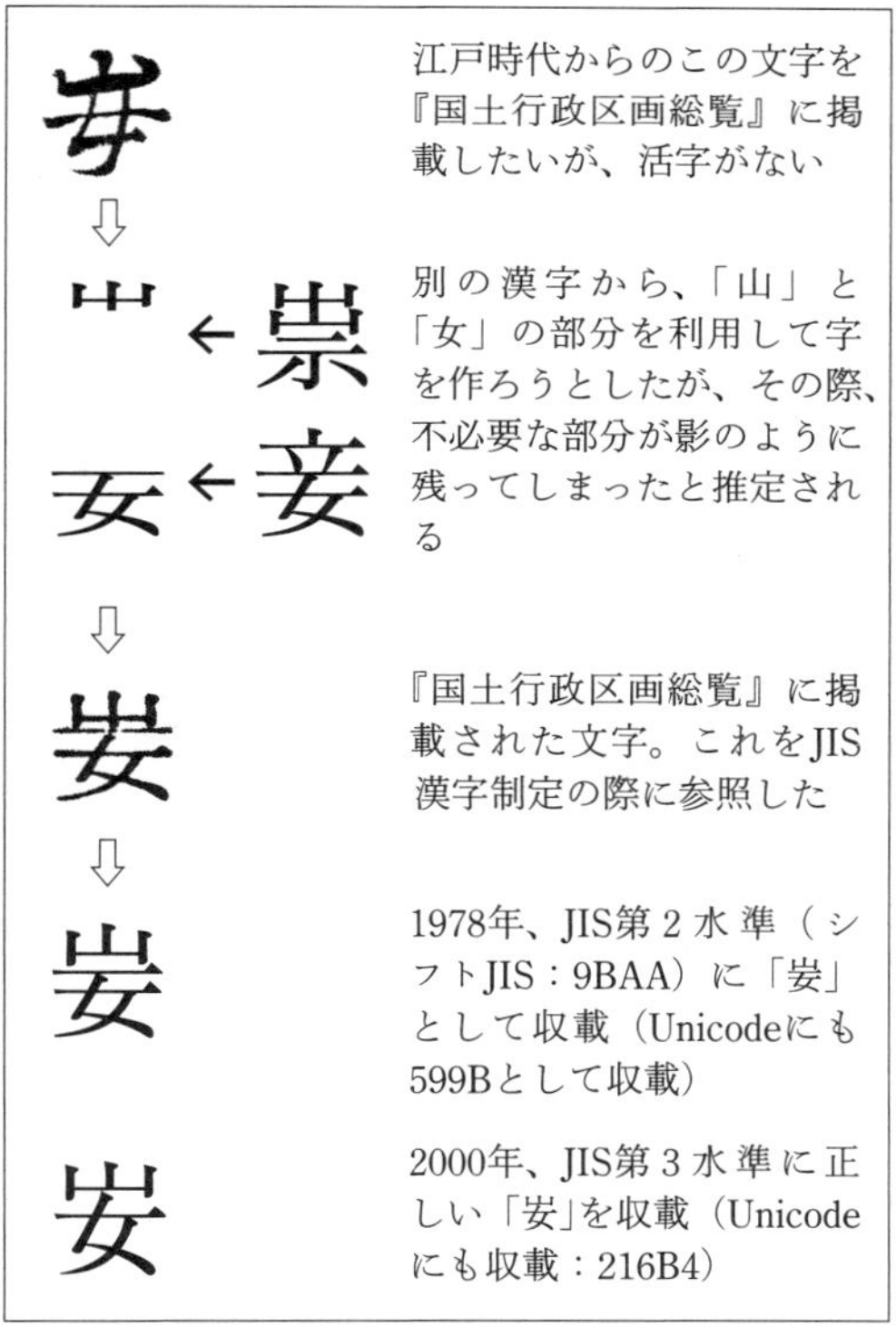
江戸時代からのこの文字を『国土行政区画総覧』に掲載したいが、活字がない
別の漢字から、「山」と「女」の部分を利用して字を作ろうとしたが、その際、不必要な部分が影のように残ってしまったと推定される
崇
妾
『国土行政区画総覧』に掲載された文字。これをJIS漢字制定の際に参照した
1978年、JIS第2水準（シフトJIS：9BAA）に「妛」として収載（Unicodeにも599Bとして収載）
2000年、JIS第3水準に正しい「𡚴」を収載（Unicodeにも収載：216B4）

幽霊漢字「妛」の成り立ち　地元の役場は、住民に「妛原」と印字してくることがあったが、苦情により「𡚴原」に戻ったという。「山女原」も増えてきた

を拾うことにつながった功の部分に比べれば、こうした罪の部分は小さいものとはいえる。

　手作りのような毎月の加除出版が全盛だった時代において、そこからの転記作業が手書きで行われたという、実に人間味のある環境下ならではの字体変化だった。

7　JIS漢字の歴史学への貢献

　東洋史、とくに中国史の文献や論文には、中国で政府の公文書を意味する歴史用語として「檔案《とうあん》」がよく現れる。この「檔」という「かまち」や腰掛けを意味する字が、JIS漢字の第二水準には入っていない。

　しかし、「當」の部分を草書を介してできた略字「当」に替えた「档」ならば第二水準に採用されていた。そのために、「档案」と入力されたり、印刷されたりすることが非常に多い。「とう案」「トウ案」のような交ぜ書きよりも、略字とはいえ漢字表記のほうが断然分かりやすいからだろう。しかも、この略字体は、中国ではたまたま正式な簡体字として一九五〇年代から位置づけられている。

　この字は、なぜ略字だけがJIS漢字に入っていたのだろうか。その理由も、やはり日本の小地名に、その字体が使われていたためにほかならない。

鹿児島の小地名（曽於《そお》郡大崎町《おおさきちょう》）に、「まて」として使用されていたのである。鹿児島にあるところから、マテバシイ（馬手葉椎）のことを現地では方言でマテと呼んでいたものへの当て字と見られる。ただし、当時の『国土行政区画総覧』では、厳密には「当」の「ヨ」の真ん中の「一」は「ヨ」のように右に突き出ていた。かつてはよく見られる書き方であった。ＪＩＳ漢字を選定する作業の過程で、それが常用漢字（一九八一年途中まではまだ当用漢字）との類推が可能な「档」という穏当な字体へと変化し、汎用性《はんようせい》の高い字体で落ち着いたのであった。細部を観察することは必要だが、微差が常に意味をもつとは限らないことは第三部に述べる。

一九九四年一月除去号二四五七―一一頁　档《まて》ケ《が》山《やま》

つまり、地方での地名における地域訓を表すための略字と、中国の公文書を意味する熟語を構成する簡体字とで、字体だけがたまたま一致したのである。そういう例を、「娚」の節で述べたように字体の衝突ないし用法の衝突と呼ぶことがある。

後に作られたＪＩＳの補助漢字というものは、活字として準備されていた東洋史の分野で使われそうな漢字をよく収集していたが、この「トウ」はその前から、略字ながら事実上解禁されていたのであった。ただし、東洋史で使われる専門性の高い文字もカバーしておこう、という意図はＪＩＳ第一水準、第二水準を制定した一九七八年の時点ではやはり全くなかった。

この字は、かつての日本では、さらに別の木の名称である「あて」（アスナロのこと）や木の日によく当たる部分（地域によっては当たらない部分）を意味する「あて」などにも用いられることがあった。

かつてローマ字もひらがなもカタカナもまだ大きな力をもたなかった時代において、漢字は森羅万象を表そうとした。そのため、このように意外なものから全く関係のないものへとつながりを見せてくれる。これも漢字の醍醐味《だいごみ》の一つである。

8　外国の果物名を表記するのに役立ったＪＩＳの地名用漢字

果物のポンカンを、「椪柑《ぽんかん》」と書くことがある。国語辞書などによく掲載されているが、この一字目は中国の南方の比較的新しい方言文字（地域文字）を用いたものである。

この果物名をパソコンなどに入力できたのは、実は地名ですらなく、一つの小さな小学校のお陰だったことが判明した。例によって、『国土行政区画総覧』から。

一九八七年四月除去号二四二一―一六頁　三椪㊥・㊫

これによれば中学も存在していたように見えるが、宮崎県北方町《きたかたちょう》立三椪《みはえ》中学校は、一九七二年に、北方町立北方中学校（現延岡《のべおか》市立北方学園）へ統合されてしまったそうだ。したがってJIS漢字を選ぶための調査が行われたときには、実際には消滅していたようだ。この頁は、一九九四年九月の除去号では「三椪㊫」だけとなっていて、それも抹消がなされており、さらに「いぬ」との地名らしきものが手書きされていた。

現存しているのか、心配になって、以前この小学校に電話を入れてみた。通じた。たまたま電話に出て下さった女性教諭は、三椪は住所ではない、住所は「戌《いぬ》」と話してくれた。「椪」という字を使った学校名は日本でそこにしかないという話に、とても驚いておいでだった。

WEB上には、「三椪《みはえ》小学校：明治21年4月10日板ヶ平門《いたがひらもん》字屋形原杉原に校地百坪五合、校舎十六坪二号五勺《しゃく》の三椪小学校が誕生した。板ヶ平門、藤ノ木門、二股門の三つの大字の児童が就学したので、三椪の名前がおきたという」とあった。「屋形原杉原（三椪橋東台地）」ともあり、橋の名にもなっている。ハエとは、木の並べ方の一種の名で、江戸時代か

三椪小学校の閉校式（写真・三椪小閉校実行委員会）

らこの字が当てられてきた。木偏が手偏になったり、右側の「並」が「幷」になったりすることもあった。北方町立、今は延岡市立になったが、生徒数は二〇名余りというこぢんまりとした、山間《やまあい》の静かな小学校とのことだった。

「三椪っ子」たちの様子は、ホームページ http://cms.miyazaki-c.ed.jp/1741/htdocs/ からもうかがえる。JIS漢字の第二水準に、この一回しか現れない学校名からこの字を採用しそこねていたら、この学校名も今どきパソコンで打てないからと、ありきたりな字に変更されていた可能性がある。学校のサイトには、「Twitter（ツイッター）及び facebook（フェイスブック）でも情報を発信しております」とある。JIS漢字にこの字が落ちずに入ってくれて、本当によかった。

この三椪小学校も、二〇一四年三月末で閉校となったそうだ。そのサイトには生徒が書いた「三椪」の字も残されている。「椪」はその校名表記としての役割を終えたが、ポンカンなどの表記として日本をはじめとする漢字圏で使われつづけている。

9　和製漢字「鯲」の出所

日本列島は、起伏に富む。山がちで、隅々にまで清流が流れ、やがて海へと注ぐ。四方を海に囲まれた島国であるため、豊かな水に棲息《せいそく》する魚類に恵まれ、それを食用とすることが盛んであった。そうして人々は、川や池、沼、湖、そして海で獲《と》れる個々の魚に名前を付け、さらにそれに漢字を当てていった。

日本一帯では中国には見られない魚も数多く棲息する。またどの漢字が該当するのか分からない魚名も多々あった。たとえ該当する漢字が見つかっても、しっくりこないこともあった。日本人は、即物的な世界観や価値観の中では埋もれてしまいがちな情緒やイメージというものも大切にしてきた。そうした中で、日本独自の漢字である国字が量産されていった。日本人は魚偏の漢字を好む傾向さえあるが、中国、韓国などでは見られない現象である。

ドジョウには、「鰌」という漢字が中国に古くからあった。日本ではそれに「泥」を添えて「泥鰌」としてドジョウを書き表すこともある。中世の時代には「鯲」（鯲）という和製漢字まで作られた。「淤」は「淤泥《おでい》」「泥淤」ともいうように泥という意味があることを利用した会意式の造字であろう。

秋田市八橋鯲沼町の住居表示

ドジョウは、やはりドロ（泥）と関連するといわれるが語源の詳細は未詳で、実は歴史的仮名遣いもはっきりしない珍しい単語であり、疑問仮名遣いとされるものである。それらしく「土長」とも当てられた。そうしてさまざまな表記がなされる中で、江戸時代には、「どぢやう」など四字では縁起が悪く、また三枚ののれんに収まらないとして「どぜう」という独自の仮名遣いが浅草《あさくさ》の駒形《こまがた》で使われ、広まっていった。

自然の中に流れる河川らしい河川を知らない都内区部で生まれ育った筆者には、ドジョウに関する思い出が一つだけある。小学校にある日、消防車がやってきた。そのときは火事でも写生大会でもなく、その車が校庭に放水をし、そこにドジョウを放ち、子供たちが掬《すく》う疑似体験をして、各自家に持ち帰るという催しだった。喜んでヌルヌルのそれをなんとか数匹捕まえて、ペットにしようと母に託した。しかしその晩の食卓は悲しいひとときとなった。味噌汁《みそしる》の中で茹《ゆ》だっていた彼らを、子供の筆者は涙で直視することさえできなかった。

さて、この国字の魚名が、パソコンで打てたのも、実は次の地名があればこそだった。

一九七四年七月除去号二〇二頁　鯲沼《どじょうぬま》

ドジョウはやはりコンクリートで固められた校庭ではなく、泥や沼がよく似合う。翌一九七五年四月除去号では、「どじよぬま」とルビが変わった。現地の発音に沿ったのだろうか、童謡の「どじょっこふなっこ」も秋田弁ともいわれている。さらに一九八二年の住居表示の実施を受けて、一九八四年一月除去号二〇三—三頁からは「八橋《やばせ》鯲沼町《どじょうぬまちょう》」となっている。この八橋鯲沼町は、秋田県秋田市にあり、今、住宅地となっている。

10 魚介類の漢字

ゴリという淡水魚には、「鮴」という国字が作られた。ゴリが川底で休んでいるように感じた日本の人が作った会意文字だろう。とくに金沢では鮴料理が有名だ。川底で休んでいるゴリは、力を入れて捕まえないといけない。そこから強引に何かをすることを「ゴリ押し」と呼ぶようになった。したがってこれを「鮴押し」と書く。

こうした魚名や慣用句がパソコンできちんと打てたのは、実は読みが全く違う、下記の広島県の豊田《とよた》郡大崎上島町《おおさきかみじまちょう》東野《ひがしの》鮴崎という地名のお陰だったのである。

一九七四年五月除去号一九七八頁　鮴崎《めばるさき》

この地では、メバルが名物だそうだ。一九八八年五月除去号には「鮴崎〒」、つまり郵便局名も登場している。ここでは、ゴリではなく、「めばる」という海に住む魚を表す別系統の国字だったのだ。江戸時代には、「鮴」は地域によってゴリとしてもメバルとしてもすでに用いられていたようであるが、珍しいことではなかった。互いに全く別種の魚だが、用いる地域が違うので使用法が衝突して混乱を来すことはない。

こうした地域性を帯びた漢字は、ここまでにもいくつか紹介してきたように全国各地にある。それを分かりやすく「方言漢字」と名付けてみた（小著『方言漢字』角川学芸出版〔二〇一三年〕参照）。むろん、JIS漢字を選ぶ際の意図に基づいてひとたびある字がJIS漢字に入れば、JISはその用法を規定するわけではないので、メバルとして使っても、ゴリとして使っても、湯呑《ゆの》みなどでもっと別の読み方で使っても、何ら問題はないのである。

魚ばかりではない。マテ貝は当て字では「馬刀貝」と書かれるが、古来の漢字表記によると「蟶貝」となる。これがパソコンで打てたのは、やはり次の広島県の小地名の存在が唯一の理由であった。この漢字は、やはり他の地の小地名にも使用が見られるが、一九七二年当時の『国土行政区画総覧』には、「蟶」という漢字はここでの使用例しかなく、これを根拠にJIS漢字に採用されたことを突き止めた。現在の庄原《しょうばら》市東城《とうじょう》町帝釈《たいしゃく》山中《やまなか》にある字名である。なお、中国では「竹蟶」の二字でマテ貝を指した。

一九八八年五月除去号一九八三―三頁　蟶野《までの》

ここには、一級河川のように法定河川としては扱われない普通河川の蟶野川も流れている。方言や当て字でないとすれば、山中という地名のとおり、海から離れたこの山間部でも、マテが獲れたのであろうか。

ともあれ、これらの地名は、瀬戸内海の海の幸によって付けられたものであろう。魚介類を表すこの二つの字は一九七八年当初からワープロなどへの入力が可能となっていたのであった。

11 名字の漢字

兵庫県や福岡県などの地に、「檍」と書いて「あおき」と読ませる姓が存在している。この姓の人々がそれらの土地に暮らしているのである。この木偏に「意」という字は、中国においてはモチノキを指していた。『日本書紀《にほんしょき》』の神話に、伊奘諾尊《いざなぎのみこと》が黄泉《よみ》の国から帰って禊《みそ》ぎをした、すなわち身を清めた地として「檍原《あはきはら》」が登場し、そこは宮崎市内に比定されている。

『古事記《こじき》』では「阿波岐原《あはきはら》」がそれに相当する。平安時代の辞書にも「檍」という字には「あは（わ）き」という訓が引かれており、その木がモチノキなのか、そうでなく国訓つまり日本独特の字義であるのかは説が分かれているが、後の「あおき」とつながりがあるものとも推測されている。「あおき」としては、後代の俳諧《はいかい》にも使用例が見えるが、それは「億」の字音がオクで、アオキと音が近いために、その人偏を木偏に換えたものかもしれない。

この姓は、テレビなどでも店の名や制作スタッフの名として見かけるが、それは機械で打ち込まれたフォントなのである。そうやってパソコンで打てたのも、下記の宮崎の地名と、そこに位置する学校名にあったためであった。日本では、地名から生じた姓が多いなど、地名と姓は密接な関係をもっているために、姓も打てるようになっているとみることもできる。

一九七八年十一月除去号二四〇三頁　檍(小)・㊥
一九九四年一月除去号二四五七－七頁　檍《あおき》

この字は、宮崎市の地元では小学生でも使っている漢字である。名字としても存在しているが、当時、ＪＩＳ漢字選定の作業に提供された日本生命の人名資料には載っていなかった。この資料は、貴重なものではあるがいかんせん漏れが多く、網羅的な姓名の資料ではない。その点で、一九七八年のＪＩＳ漢字選定は多大な禍根を残した。

埼玉県八潮市にだけしかない「垳《がけ》」という地名は、漢字の「圻《キ》」が江戸時代に変化したものと考えられ、地元では「土」が流されて「行」き、ガケ川ができたことから作られたと伝えられている。近年、市によってその大部分を「青葉」という歴史を全くもたないものに変えられそうになった。地元の方々の中に筆者の講演録を読んでその独自性に驚かれた方がいて、先に触れたように、それから保存運動が起こり、なんとか維持されている。

この「垳」という地名があることによって、この字もＪＩＳ第二水準に採用され、それが

消滅の危機をひとまずは乗り越えた八潮市垳

県内を中心に分布する名字の「垳田《いげた》」姓の表記にも役立っている。

名字が地名のお陰で入力できるようになったわけだが、いつも地名も存在するとは限らない。元SMAPの草彅剛《くさなぎつよし》が、WEB上では「草なぎ剛」と、交ぜ書きになってしまうことがある。この不自然な現象も、秋田県を中心にこの姓に使われてきた地方発の国字「彅《なぎ》」(平安時代に作られたとする伝承が江戸時代から残る)が、JIS漢字を検討する際に調査対象とされた四つの資料に出現していなかったことに起因するのである。第三水準に採用できたが、なおも文字化けが起きやすい。なお、この人の名を韓国でチョ「ナン」ガンと呼ぶのは、韓国には「彅」の字がないので「なぎ」を別の字で「薙」として、それが「難」に似ていることによるのであろう。

名字の漢字くらいは、国が責任をもって悉皆《しっかい》調査をしてしかるべきであろう。それを明治以降一度も行わず、むしろ漢字圏の植民地ではそれを実施した。また日本全国の地名についても明治初期には小字《こあざ》まで各道府県に振りがな付きでしっかりと報告をさせていた。

アメリカなど政府が姓名の悉皆調査をし、結果も公開している国がある。少なくともそうした情報が社会や歴史、文化の理解につながるということを理解しているためであろう。数字のない国と揶揄《やゆ》された中国も姓名の全数調査の結果を公表しはじめた。韓国は国をあげて漢字を廃止しつつあるにもかかわらず、姓の統計を公開しつづけている。一方、日本はこうした状態にあるために、国民の間に、姓名に関する正確な知識が共有されないばかりか、自身の姓名を入力、発信できない人が現れるという不公平な状況が生じてしまったのである。

12 「口に老」と書いて……

ここまでは主に、どこかで見たことがある漢字が、実はある地方の姓、さらに小さな地名としてだけ存在しており、後者のために、JIS漢字の第二水準に入ったものだった、という実例を紹介してきた。国は、行政に役立たない、前例がないといって姓の調査を全く行わずにきた。そのために、住民基本台帳や戸籍はまだよいとしても、年金のデータはめちゃくちゃになってしまい、その再構築にまた巨額の血税が投じられたのも周知の事実である。

さて、全く見慣れない漢字、たとえば、

「峇」「峺」「嶐」「硝」「碶」「儖」「沺」

などたくさんの不思議な字もまた、ＪＩＳ漢字の第二水準に入っている。皆さんも、漢字を検索する際に、文字の一覧表を開いて、使い方が分からないのに並んでいるこうした字はいったい何だろう、と思ったことがおありではなかろうか。こうしたものの素性について、明らかにしえた事柄を最後に一つ紹介しておきたい。

ここに列挙したような漢字も、やはり『国土行政区画総覧』という地名資料の中で、しかもほぼたった一か所の小地名として出現したために、ＪＩＳ漢字の第二水準に採用された地域性の高い漢字、すなわち「方言漢字」であった。

珍しい字であるのに、あちこちで使われているケースも見つかった。「咾」は、『国土行政区画総覧』では、次の二か所に発見できた。

一九七八年五月除去号二〇二五―二八頁　咾喰《おばくら》

一九八三年八月除去号二二五九頁　咾分北《おとなぶんきた》

前者は山口県萩《はぎ》市にある小地名で、通常はウバと読む「姥」と書かれることもあり、この「女」偏が、後ろの「口」偏に影響を受けて「口」偏に変わったもの（字体上の同化）と推測される。

後者は佐賀県佐賀市川副町《かわそえまち》の「咾分《おとなぶん》」であり、『方言漢字』に記したように、実際に佐賀空港に行く際にバス停と交差点名として現存している。ただ、住所としてはすでになくなっていた。近世には文書などで使われていた地域色豊かな文字で、県内では小地名としてほかの地でも見受けられる。

「咾」は、この地名資料を超えて、さらに北海道十勝《とかち》地方にも存在していた。

佐賀市咾分のバス停

咾別《いかんべつ》

北海道らしく、「溢《あふ》れる川」という意味のアイヌ語に対して漢字を当てたと考えられる地名で、今でも、咾別神社やイカンベツ川にその名をとどめている。西日本的であった「い「ん（ぬ）」（ない）を含むとも解される「いかん」がこの地で地域訓とされたことは、本州からやってきた住民の移住元に関連するものだろうか。ただ、少なくとも明治時代には、東京出身者も使っていた語である。

「口」と「老」という素朴な構成は、このように互いに関連がなさそうな三か所に存していた。うち、二か所がこの字をＪＩＳ漢字に採用させる契機を生んだのである。

各地で地名の漢字を考える際に、着想として頭に浮かびやすかったのであろう。中国では、古い辞書に「声也」（何かの音を表す）としか出ていなかったものだ。老いた人の口からは「いかん」（不可、如何）、口が老いた人は「おとな」「おば」。「おば」「おとな」「いかん」という三つの語には、日本語としては、発想に類似性が感じられよう。大学生たちも、こうしたイメージが浮かぶそうで、読みを推測して、ずばり「おとな」と言い当てる人も少なくない。

ほかにも、都内などのラーメン店では、メニューに「咾麺」を見かけることがある。ラーメン（拉麺）の「老麺」（ラオメン）に「口」を加えた表記で、客の目を引く効果がありそうだが、これにもこの字を利用して入力することが可能となっている。さらに酢豚のことも、「咕咾肉（グーラオロウ）」と、本場風に打ち込むこともできるようになっている。

このような応用がさまざまに行われており、日本各地の小地名がコンピューターの漢字に果たした役割の大きさ、そして多彩さを実感することができるであろう。

13 名字と地名の悉皆調査

第11節で、日本は国が名字の調査を行わないと述べたが、実は地名についても手薄である。もちろん大字レベルまでは捕捉《ほそく》できている。問題はそれよりも小さな小字・通称の類であり、その詳細については名字と実は同様の状態で、中央官庁では放置されている。それどころか、郵便番号制の導入や住居表示の実施など、行政の効率面を重視するために、小地名をなくし、記号化することを推進してきたのである。

明治初期は違った。政府がきちんと日本中の小字までの地名をすべて提出させたことが一度だけだがあった。振りがなが抜けている地区があると、再提出を命じていた。その気構えは、どうして消えてしまったのだろう。

民俗学の研究の手掛かりになるとして柳田国男《やなぎたくにお》が小地名の研究に熱意をもっていたころ、仕事の傍らその三分の一ほどを閲覧し、面白いと思ったものを抜き出していたそうだ。不朽の名著『地名の研究』（古今書院〔一九三六年〕）に引かれた各地の微細地名の実例はその抜き書きからの成果であろう。その豊富な内容がしのばれる。

その一群の肉筆資料は、東京大学図書館に移管されたが、後に、関東大震災による火災で、すべてが灰燼《かいじん》に帰した。図書館は隣の理学部棟の延焼を被《こうむ》ったと聞く。いくつかの地で、その複本が見つかっているものの、失われた当時の小地名の情報は計り知れない。別の資料や住民などへの聴取によって仮に復旧できたとしても、そこに明治初期に施された読み仮名を付すことは、もうできない。

この惜しんでも惜しみきれない一件以来、まとまった調査は行われていない。実は、そうした小地名を登録した登記簿や土地台帳、字切図《あざぎりず》などの資料は、各地の法務局や役所・役場などに残ってはおり、歴代の肉筆も閲覧できる。明治初期の小地名資料の再構築は可能であろう。しかし、それをしようという声は出てこない。電子化された書類もあるが、調査研究に利用することは容易ではない。

役所によっては、電子化できたからなどといい、保管期限を過ぎたとして、そうした紙の帳簿類を廃棄するところも出ている。

二〇一一年三月十一日の大津波によって、役所で姓名や地名などが記録された戸籍データが流されてしまった地では、その後の努力によって、消滅した約一年分のデータを再度打ち込んでかなり復元したという。しかし被災者も多く、やはり完璧《かんぺき》な状態にはならなかったそうだ。データのバックアップ態勢など情報管理の強化を図る必要がある。

さて、そうしたコンピューターでは、文字コードとしてはＪＩＳコードからユニコードに中心が移ってきた。しかし今でも、ＪＩＳの第二水準、あるいは第四水準までにない漢字は、日本語のフォントが欠けていることがあるほか、パソコンや大規模なコンピューターシステムでは対応できないものがあったり、文字化けなどを起こすものもある。

ここまで第一部で見てきたように、ＪＩＳ漢字を編纂する過程で、一九七四年に行政管理庁によって作られた『対応分析結果』という重要な役割を果たした資料（北海道大学の池田《いけだ》証寿《しょうじゅ》が調査に当たった）によると、『国土行政区画総覧』という地名資料を唯一の根拠として、ＪＩＳ第二水準に採用された字が、二〇〇字近くもあった。

名字は地名に由来するものが多いために、地名漢字の採用によって、救われて入力ができるようになったものがあった。名字や名前だけに現れる漢字については、ＪＩＳ漢字選定時には、すでに触れた日本生命から提供された資料を主に参照していた。そのお陰で、名字によく出てくる「嵜」や、後に人名用漢字に指定される「崚」が採用できたものの、姓名全体から見るといかにも網羅性の低い資料であった。

前に触れた「檍」のほか、「垳」「垰《たお》」「墹《まま》」「萢《やち》」などを用いた名字も入っておらず、これらは地名から辛うじて採用されたものだった。そして先に述べたようにそこには元ＳＭＡＰのメンバーの名前で有名になった「草彅」姓の二字目さえ入っていなかった。

現在、地名では、こうした珍しい字が抹消されつつある。名字でもパソコンで打てないような字は、一般的な字に改められることが起こっている。

筆者は、固有名詞に使用されてきた漢字に対して悉皆的な調査を試みてはいるが、その全容については国家レベルで実施しないかぎり、完全に把握することは難しい。そうした制約の中で、意外なほど多様性に満ちた漢字の過去から続く実際と諸方面で果たした思わぬ役割について、ここまで解き明かしてきた。「頻度一」がもたらす波及効果は絶大であった。しかし、謎はまだ残されている。全容の究明を一つ一つ続けていきたい。

第二部　海老蔵は鰕蔵か

1　歌舞伎界の「エビ」の漢字の変転と背景

山梨に家族で行った際に、市川三郷町《いちかわみさとちょう》にある歌舞伎文化資料館に寄った。当地は、初代の市川團十郎（海老蔵《えびぞう》。一六六〇年〔万治《まんじ》三年〕―一七〇四年〔元禄十七年〕）の出身地であることが分かったとのことで、実はよくいわれる千葉県の市川《いちかわ》市ではなかったという話を耳にした。團十郎の生地については、万人が認める確たる記録がないのだそうだ。

「團」は、当用漢字で「団」という略字が採用されたが、今どきの学生たちにとっては「團」は見慣れず、書くことも難しい。「團」と旧字体で書かれているだけで、そこに古来の芸名というイメージを強く感じ、その長い歴史を表すことができていると思うそうである。語感ならぬ文字感、字体感が効果的に醸しだされていることになる。ただし、「團」は崩し字にはされても、「団」という略字は江戸時代初期には使われることがそれほど多くはなかったように思える。一方、近世には「郎」が「郎」と書かれることは稀で、「海」も「海」としばしば書かれた。

筆者は、かつて「蛯《えび》」という一つの日本製漢字（国字）について追いかけたことがある（小著『日本人と漢字』集英社インターナショナル〔二〇一五年〕に概要を記した）。その際に、市川海老蔵に関するルートは、漢字で二文字の「海老《えび》」であることや時代が江戸時代以降と比較的新しいこともあって、扱わないと心に一旦《いったん》決めていた。しかし、歴代の海老蔵に現れた「鰕《えび》」（漢字としては蝦と通用した）という字についても、やはりエビの字に関する意識を把握するうえで重要ではと、気になってきていたので、その資料館に寄ってみることにしたのである。

子供たちには、広々とした公園で遊んでいてもらった。しかし退室したときには、戻るのが遅い、と次男が地面に倒れて泣いてしまっていた。その間に、大きな収穫がいくつもあったのだ。

館内で懇切丁寧に説明してくださった係員の方によると、初代の海老蔵は、パンフレットには幼名が「海老蔵」とあるが「鰕蔵」（蝦蔵か）だったとのこと。武田信玄《たけだしんげん》の紅《あか》い鎧《よろい》からだそうだ。本などでとても熱心に勉強されていることがよく伝わってきた。

一方でWEB上には、何かの本にあるのだろうか、「一説によると、（團十郎の改名前の名とされる段十郎の）〝段〟は出身地の市川の小川でとれる蝦《えび》から虫をとったものだとか」といった話もあり、出身地論争と絡まって、諸説紛々の状態にあるといえそうだ。

その虫偏ないし魚偏を取り除いて残った旁の部分で、一六七一年（寛文《かんぶん》十一年）に「段十郎」となったという話だ。これは、江戸時代の「段」と「叚」との字体の通用具合を見ているとその点では首肯される。資料館でうかがったこうした興味深い話に、文献上のエビデンスが見つかるとよいのだが、彼が幼名を「海老蔵」や「段十郎」とする近世文献などは目にしたものの、「鰕蔵・蝦蔵」と名乗ったという古い文献上の証左には出会えるのだろうか。近世の随筆では、長谷川宣昭《はせがわのりあき》の『三余《さんよ》（餘）叢談《そうだん》』三（『日本随筆大成』三期巻三、日本随筆大成刊行会〔一九二九年〕）に、「鰕蔵」を含む次の記述があることまではまず得られた。

役者海老　斎藤謙が談に、陸奥坪の碑の近きわたりに、市川村といふ所あり。そこの海にて捕る海老は役者鰕とよべり。こは芝居役者元祖市川鰕蔵が生れし里なり。鰕蔵といふ名は、扮《フル》（筆者注　この手偏は木偏に作り枌とある）里《サト》が鰕の名所なれば名づけたるに、今はかへりて鰕を役者海老とよべりといへり。

これは、ほぼ同文が江戸後期の国学者小山田与清《おやまだともきよ》による『松屋筆記《まつのやひっき》』四（国書刊行会〔一九〇八年〕）にも見られる。

さらに資料館でうかがったお話では、「国（囗）を専（專）らにする」、一番の名演技をする名優になるということで、「段十郎」の文字を「團十郎」に書き改めたとのことだ。「国を専らに（と）する」は、国を独り占めにするといった意味なのだろう。『荀子《じゅんし》』に見られる表現である。現在、たしかに随所でしばしば語られている。なるほど、日本人らしい漢字の分析意識であり、今でも「団十郎」と新字体で表記されることを嫌う根源的な理由なのかと思う。「専」（旧字体は「專」）で名前に込めた意味を強調していたのか。これが史実だとすると、荒事で、江戸歌舞伎を盛んにした立役者の気概を底に見ることができようか。

しかし、この文字の由来について初代自身が説明したものは遺《のこ》されていない、と中川右介《なかがわゆうすけ》『悲劇の名門　團十郎十二代』（文藝春秋〔二〇一一年〕）に述べられている。名前であっても概して表記に鷹揚《おうよう》だった時代のことである。

ほかにも、「くにがまえ」は三升《みます》の定紋（家紋）を使ったものだ、そしてそれはこの地で武田信玄によって作られたものだともいう。いわれてみれば三升（枡・桝）（回）は「くにがまえ」に似ている。三升の由来もまた諸説紛々としているが、信玄が北条《ほうじょう》軍と戦った地に三増《みませ》峠があるのは、ただの偶然だろうか、などとも思えてくる。

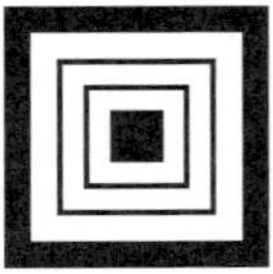
三升の定紋

第二部では、流布しているこうした話が文献ではどこまで遡れるものなのか、どうして現れたのかを確かめるために、梨園の「エビ」表記などの歴史を個々に追って、文字・表記とその意識の歴史を明らかにしていきたい。

2　「海老」蔵の誕生

歌舞伎研究を専門とする知人によると、演劇史の研究では、誤伝の証明となると皆頑張るが、なぜ誤りが発生したのかについての究明は、後回しになるものだそうだ。海老蔵のエビの字に関する話の出所探しは、そこを追いかけていることになる可能性がある。

そして、諏訪春雄《すわはるお》「初代市川団十郎年譜」が伝記資料として頼りになるとうかがった。初代の名の「エビ」の漢字と由来について押さえるために、それを収めた『元禄歌舞伎の研究増補版』（笠間書院〔一九八三年〕）をひもといてみる。

同書によれば、一六六〇年の誕生時に「童名海老蔵」と『父の恩』（後述）に書かれていることと、一六七五年には「すでに市川団十郎を名告《なの》って」いたことが記されている（三六一―三六四頁）。なお、この市川も市河と書くのが古いともいわれる。

まず、海老蔵の「海老」という二字について、なるべく当時に近い時期の記述を押さえておこう。巷間《こうかん》やWEB上に流布している出所不明の情報については、ここにはいちいち引かないこととするが、信のおけるサイトは引用する。「蝦」も「鰕」も入力、検索できるのは、これらの字もまた第一部で述べたとおりJISの第二水準までに使用実績によって採用されていたためにほかならない。

『古事類苑《こじるいえん》』には、以下の記述を見る（以下、記述上関連のないかぎり便宜上、字体を改めたり振りがなを省いたりすることがある）。

『俳優畸人伝《やくしゃきじんでん》』初編上　市川團十郎　幼名海老蔵
『扶桑役者古今師弟系《にっぽんやくしゃこきんしていけいず》』　市川えび蔵

初代の幼名を「海老蔵」とする資料として古いものは、『父の恩』だという。この本は、二代目團十郎が編んだ初代（一七〇四年没）追善句集で、一七三〇年（享保《きょうほう》十五年）の成立であり、ほぼ同時代の肉親、しかも実子による記録である。同書は国会図書館でデジタル資料として公開されている。その終わりに収める「弔故才牛辞」に次の記事が見られる（「才牛」は初代の俳名）。

時に万治三年庚子《かのえね》和泉町《いずみちょう》にして才牛を生めり童名海老蔵
幼より性妓芸にさとく因て妓家に入て市川團十郎と称す

『新撰古今役者大全《しんせんここんやくしゃたいぜん》』（一七五〇年）や『新成明和伎鑑《めいわぎかん》』（一七六九年）、『新刻役者綱目《しんこくやくしゃこうもく》』（一七七一年）にも幼名が「海老蔵」であったと述べられているが、江戸後期に編まれた『久夢《きゅうむ》日記《にっき》』（『近世風俗見聞集』一、国書刊行会〔一九一二年〕）には、海老蔵と付けられた日のことまで記されていた。

> 延宝《えんぽう》二、市川團十郎は堀越重蔵といふ男達《おとこだて》の子なり、慶安《けいあん》四年辛卯《かのとう》、江戸にて出生す、重蔵は下総《しもうさ》国成田《なりた》のうまれ、重蔵が友幡随院長兵衛、唐犬十右衛門《とうけんじゅうえもん》等なり、團十郎うまれて七夜にあたる日、唐犬十右衛門、かれが幼名を海老蔵と名づけたり、（四四頁）

この記述は、『歌舞伎年代記《かぶきねんだいき》』（後述）に似るところがあり、また『俳優《やくしゃ》世々《よよ》の接木《つぎき》』（安政《あんせい》六年〔一八五九年〕ころ）の巻頭に、市川系は甲斐《かい》国市川村の産とした後に同様の記述が見られる。

しかし、いずれにも「鰕・蝦」という漢字表記はなく、またなぜ「海老」なのか、という説明はない。それらを記した近世期の文献は、今まで見出《みいだ》せておらず、やはり先の「鰕」の旁の部分を取って「段」としたという伝聞は後代の所産では、との疑念が払拭《ふっしょく》できない。

続けて、「團」について見ていこう。「鰕」→「段」そして音通すなわち発音が通じるところから、「国を専らに」という決意を込めて「團」にした、といった話が、何か一次資料に出てくるだろうか。

ダンの字が異なる「段十郎」については、三田村鳶魚《みたむらえんぎょ》がまとめた『江戸芝居年代記《えどしばいねんだいき》』（『未刊随筆百種』第一一巻、中央公論社〔一九七八年〕）。底本は国会図書館本かとされる）の一六九三年（元禄六年）の項に、「是迄《これまで》段十郎と云《いい》し、此度《こたび》より団の字に替る」とある。以下の記述もあった（一〇五、一〇七頁）。

延宝元年（一六七三年）　元祖市川段十郎拾四歳に而《して》初ぶたい
元禄五年（一六九二年）　市川段十郎上京いたす、

中川右介の『悲劇の名門　團十郎十二代』には、一六七三年、十四歳で初舞台、「市川段十郎」と名乗ったと「宗家版・代々」にあるが、この時点では「市川海老蔵」だったとしている文献もあると記す（一五頁）。

世に広く使われている伊原敏郎《いはらとしお》（伊原青々園《せいせいえん》）らによる『歌舞伎年表』（一九六三年完結）

では、巻一に、

元禄六　十一月、團十郎上京。段十郎と此頃かきしを團十郎と改む。（一八五頁）

と記す。この年表のもととなったとされる、一八九三年（明治二十六年）に没した関根只誠《せきねしせい》が編んだ『戯場年表《ぎじょう(しばい)ねんぴょう》』（演劇博物館蔵写本を翻刻したもの。『日本庶民文化史料集成』別巻、三一書房〔一九七八年〕）には、

延宝一　文覚発心伝　市川団《ママ》十郎己が一代の事を記せし自書なり（割書）（三五三頁）

と、その伝記を挙げ、そこで父が、「段十」と称していたとし、さらに、

俠客伝《きょうかくでん》に幼名海老蔵十五才の時、市川段十郎と改、後団《ママ》十郎に更《あらた》む（三五三頁）

と、典拠とともに改名を伝えるが、この「俠客伝」についても未詳である（幕末の『古今《ここん》俳優似顔大全《やくしゃにがおたいぜん》』〔一八六二年、文久《ぶんきゅう》三年、国会図書館蔵〕に、類似の記載があった）。

元禄六　十一月市川団十郎京四条《しじょう》の芝居へ登り、此時迄市川段十郎と書きたるを団十郎と書替へたり（三六〇頁）

『俳優世々の接木』では、元禄六年にこのように字を改めて上京したと断定して記している。より古くに刊行された烏亭《うてい》（談洲楼《だんしゅうろう》）焉馬《えんば》の『（花江都《はなのえど》）歌舞妓年代記』（一八一一年〔文化八年〕、早稲田大学蔵）巻一には、「幼名海老蔵」、「市川團十郎」と出る（一〇オ・ウ）。なお、こうした版本も、カラー画像でネット上に公開されるようになった。その同じく巻一には、以下のようにあり、あくまでも漢字の変更は推測にすぎなかったことがうかがえる。

元禄六年　其ころの古き番附に、段十郎と書きたる有、上京の時團の字に書かえけるにや（一八ウ―一九オ）

この「段」は版本の紙面では「叚《だん（たん）》」とあり、先の「鰕」の旁の話を想起させる。

書籍の間で、記述に異なりが見られるが、伝聞を排除しつつ諸書の示す事実を総括しておこう。「段十郎」という表記は、ほぼ同時代の現存史料においては、元禄六年に刊行された

『古今四場居《ここんしばい》（色競《いろくらべ》）百人一首《ひゃくにんいっしゅ》』が上巻十五ウに「市川段十郎」とたまたま記すのみであった。それ以前の信ずべき資料には、悉《ことごと》く「團（団）」とあったとされる。この元禄刊の本の中には、ほかに「團四郎」、「段之助」などの名もある。この時代の評判記はもちろん一般の文書などでは、人名の表記はさほど頓着が示されないもので概して厳密なものではなく、その発音が示されればよしとする傾向をもっていた。ここでは、「段十郎」という表記が最初だったというわけではなく、上京の前から「團十郎」（團の後の新字体が「団」）であった、と考える説を推したいと思う。

「團」が「国を専らに」という意味を込めて選ばれた、という記載は、このように一次資料の類には見出すことができなかった。前出『悲劇の名門　團十郎十二代』には、元禄六年に「段十郎」を、「團十郎」に改めたが、「文字」の「由来」について「初代自身が説明したものは遺されていない」が、「京へ上る」際であり、水落潔《みずおちきよし》の『市川團十郎』に収められた「新・團十郎掌事典」から「国を専らとする。つまり、役者界の頂点に立つという意識があったのではないかという説もある」と引いている（三〇頁）。現象に対して理由を想像によって補おうとすることは自然な行いである。日本人が好む、字体を介して漢字の意味を人間の思いと重ね合わせようとする後年の解釈だったのであろう。

瀬下敬忠《せじものぶただ》（一七八九年没）『長春随筆《ちょうしゅんずいひつ》』（国会図書館蔵、マイクロ）巻下には、市川團十郎、

童名は市川海老蔵に関して、

唐織の紋にも三升を織て渡る事誠に国朝の誉とも云へし

と述べられている。このあたりの文言から生じた伝承であり、あるいは話の混線も起こったという可能性を指摘しておく。

3　「海老蔵」から「鰕蔵」へ

ここまで、「海老蔵」と「團十郎」に使われた「海老」「團（団）」という漢字に関する伝聞情報に対して、古来の文献で確認できるかどうかを検証してきた。

どうやら当時の散在するいくつかの記録をストーリーとしてうまくつなげるために、漢字の字面に基づいて、新たな解釈が加えられた結果が多数含まれていたようだ。伝言ゲームや、昔の電話を使った連絡網での話の曲折のようなもので、おそらく悪気などはどこにもなかろう。古い記録というものは、同時代の所産であったとしても、資料の性質によってはそれ自体が真実かどうかも判然としないものなのだが、そこから文脈をつなげやすく補い、あるいは話を趣深くするために、字面などになんらかの意味を見出そうとする行為が起こり、そこにさらに伝聞を重ねて時を経ていくことで断定化や誇張化がなされることがあったのだろう。うかがった資料館の方は解説をなさっている六年間で、いろいろな本を読んで勉強されたとのことで流暢《りゅうちょう》にお話が出てくる。その丁寧な解説に学びながら、その間に展示物を観察してみた。

本書第一部で紹介した歌舞伎十八番で有名な「嫐《うわなり》」も、そういえば團十郎（七代目）がお家芸として選んだものだった。このインパクトのある国訓には、より古い例があり、市川家の創作ではない。JIS漢字第二水準にこの字が採用されたのも、歌舞伎の演目からではなく、小地名の孤例からであった。日本での漢字使用は、いにしえから底辺が広い。

その七代目の他の展示品に見られた筆跡では、「俳優」の「優」が「⿰亻夏」となっていた。「春浮気、夏は元気で、秋ふさぎ、冬は陰気で、暮れはまごつき」というほぼ同時代の式亭《しきてい》三馬《さんば》による戯作『小野𥶡《おののばかむら》譃字《うそじ》尽《づくし》』に現れる「人偏に夏」の記述との先後関係、影響関係の有無が気になってくる。

興味深いお話の途中で、その内容はどの本に書かれていることか、どこからかなどと切り出して尋ねてみると、個々の出典（原典）はすぐには思い出せないそうだ。それは通常無理もなく、仕方のないことだろう。

五代目に数えられることが多い、写楽《しゃらく》の大首絵で有名な「鰕蔵」（その浮世絵自体にはこの名は記されていない）についても、実は気に掛かっていた。この人物はさらに名前も変わり、それもまた後へと受け継がれもして、少々ややこしい。

彼が、自分は父「海老蔵」よりも劣ると謙遜《けんそん》し、そのままの名跡の使用を遠慮して、大海老ではなく「ざこえび」なので「鰕」を用いて「鰕蔵」とすることにした、という記述を、随所で見ていたためだ。

東洲斎写楽「市川鰕蔵の竹村定之進」
（東京国立博物館蔵、『日本美術全集』第15巻、小学館、2014年）

『悲劇の名門　團十郎十二代』にも、一七九一年（寛政《かんせい》三年）に五代目團十郎が「自分は鰕蔵と改名した」、「「鰕は天鰕《ざこえび》の意味」だそうで、「祖父や父親の海老には及ばない」という謙遜を表している」との記述がある（一三五頁）。

「鰕」という字のエピソードと「天鰕」（天鰕）という二字がザコエビを指すかどうかということについても、その時期の文献で調べてみたい。やはり山梨の館内でもこの話を聞くことができた。ただ、これについては一次資料が引かれた文献を見たことがなかった。いつの時代から存在した認識と意識なのだろうか。襲名した一七九一年当時の同時代の資料にあるとすれば、日本の漢字の字義やイメージの変遷をとらえるうえでも興味深い。

資料館の館内には、江戸時代の版本の写真が展示してある。その写真が不鮮明なのだが、ざっと解読すると、「□川□□□」による「今日舞台道二□抄」と読めそうな本だ。

そこには、「五代目の口上姿」が描かれていることが、展示に対する簡単な説明書きから分かる。そこに、もしかしたら、五代目が先代のような立派な海老ではない、ザコエビ、小さいエビとして「鰕蔵」を名乗った、ということが記されているのかもしれない。

聞けば、これは東京の国立劇場の所蔵品とのこと。なるほど、展示の説明のための小さい字がそのように読めてきた。歌舞伎鑑賞のついでに寄ってみるか。いやいつも行けるのは祝日だし、無理だろうか。早大内の演劇博物館に縋《すが》ろうか。調べていくワクワク感と、早く楽に知りたいという心根が葛藤《かっとう》する。

この五代目は、「江戸の花鰕《はなえび》」と称された華やかな役者だったそうだ。そういえば以前、文化審議会国語分科会で、姓名の五十音順に並ぶ席の遠くに、歌舞伎の「伎」の字に関して常用漢字になるべきことを十二代目の市川團十郎が朗々とした声で発言されていたことを思い出す。二〇一三年に亡くなられたが、席が隣だった委員の方によるとふだんの所作からしてきれいだったそうだ。離れた席からも目が大きく華があり、さすがというしかない圧倒的な存在感が伝わってきた。

その息子も、十一代目市川「海老蔵」としてメディアにもさまざまなことで登場する。それは、この名跡の江戸時代からの伝統でもある。過去の海老蔵をライバルと見て、彼らを超えたいと発言している。「海老蔵」という名跡によって、モデルの蛯原友里《えびはらゆり》に続いて、ハンバーガー会社のエビバーガーの宣伝に起用された時期があった。やはりいつの時代もエビの名には、焦点が当たりやすいものである。

では「海老」と「鰕・蝦」とはどう使い分けられているのだろう。「Wikipedia」に載る、「イセエビなどの海底を歩行する大型のエビ類を「海老」、「蛯」または「蛯」、サクラエビなどの海中を泳ぐ小型のエビを「蝦」、「魵」または「鰕」と表記する」と言われている、という、「海老」と「蝦」などとの使い分けの話は、使用傾向や多くはない用例からの帰納と、字面の醸しだす雰囲気と感覚に基づく根拠のない俗説であるのだろう。テレビなどでもまことしやかに語られている。

しかし、江戸時代からの漢字表記に対する意識の流れの中にこれをとらえるならば、そこにも日本人の心の底に流れ、今につながるエビに対する漢字表記の区別の意識の理由を見出すこともできよう。五代目の用字も、先代との単なる区別ではなく、自身の新たな名への意味づけがたしかにあったことになる。

その典拠について、歌舞伎界の資料と、博物学を含めた国語関連の資料との両面から探究を続けていこう。

4　「鰕はザコエビ」説を突き止める

五代目團十郎について、「成田屋　市川團十郎・市川海老蔵　公式Ｗｅｂサイト」には、
寛政三年（１７９１）11月、息子の海老蔵に六代目團十郎を襲名させ、自分は鰕蔵《えびぞう》と改名した（51歳）。鰕は天鰕《ざこえび》の意味で、〃祖父や父親の海老には及びません〃という遜《へりくだ》った気持ちを表す文字であった。
と紹介されている（「テキスト：服部幸雄《はっとりゆきお》著『市川團十郎代々』〔講談社刊〕より」http://www.naritaya.jp/naritaya/tree/05.php）。
ネット上には、ほかに出所が不明確な情報が多々あるが、活字になった情報を追うと、『新訂増補　歌舞伎人名事典』のような書籍にも、一七九一年（寛政三年）に、「父の団十郎

が鰕蔵と改めたので」（九七頁）とあるほか、十一月に「口上」で「父は海老蔵と称したが、おのれは謙遜して雑魚ゑびの鰕といふ字をつかひ、」などと述べた（一一〇頁）とまではある。

一方、便利に使われることの多い「Wikipedia」には、「四代目市川團十郎の子、１７４１－１８０４。父は四代目團十郎から三代目海老蔵を襲名したが、本人は父に遠慮して「同じえびでも雑魚えびの蝦」と市川蝦蔵を襲名した。「蝦蔵」は後にも先にもこの蝦蔵ただ一人で、歴代の海老蔵にも数えない」と、「鰕」が虫偏になってはいるが、同じ趣旨のことが記述されていた。

『江戸芝居年代記《えどしばいねんだいき》』（『未刊随筆百種』一一）には、「鰕蔵」が「大船盛鰕顔見世」を寛政四年（一七九二年）冬に行ったとある（二五八頁）。この舞台において、五代目團十郎は「ゑひざこ十」（海老ざこの十。同名の芝居絵手本『大船盛鰕顔見世』）という役を演じた。絵師豊国《とよくに》の「ゑひしやこの十　市川團十郎、三か月おせん　岩井半四郎《いわいはんしろう》」には、この「ざこ」が「しやこ（じやこ）」となっている。このように魚偏のほうが歴史的な資料にはよく現れる。現代人には中華料理の名前などで「蝦」のほうがなじみがあるうえに、漢字の変換もしやすいため、WEBなどでは虫偏で記述されるようになってきたのだろう。

「鰕」や「蝦」は、漢和辞典によると、エビを広く指す字ではあるが、とくにザコエビを指すという記載は見当たらない。そういう意識は当時、実際に抱かれたのであろうか。そして抱かれたとしたら、どこから生じたものだったのだろうか。追いかけてみよう。

やはり先に引いた『戯場年表』を読むうちに、四七〇―四七一頁に、より詳しい記載を見出した。

寛政三年（一七九一年）十一月に、「五代団十郎鰕蔵と改」、「口上」で「祖父親は海老蔵の文字を付ましたが、私のゑびはざこ鰕の文字を用ひまする」と述べたというのである。『俳優世々の接木』にも同文があった（「私の」の後ろの「は」と末尾の「る」の有無を除く）。「口上にて入るあるは役者道の恥なりとて四日目にて止めんといゝしを、座元金子鼂屓《ひいき》連よりの進めにより、無拠七日の間勤めしといふ、此時扇に認《したた》め鼂屓連に配りしは」などという大好評を博したことについての記録、また「ゑびぞうの口上を聞て」という記載などもあった。そして、

鰕の卑下さことといへども評判はげに大鵬の羽もしばらく　焉馬

又鰕蔵も団十郎も世に馴《な》れんつらねの株も人にまかせて　三升屋白猿《はくえん》

狂名花みちのつら弥

と詠まれている。この焉馬は『(花江都)歌舞妓年代記』を編んだ烏亭焉馬である。『歌舞伎年表』巻五—一二三頁、一二六頁には、口上の内容がさらに詳しく記されていた。寛政三年十一月に、五代團十郎、鰕蔵と改め、「鰕蔵改名口上に、」次のようにあるという。

又エビ蔵と名をつけましたけれども、祖父ハ名人、親ハ上手。いづれも江戸の飾り海老に厶《ござ》り升《ます》れども、私儀ハほんのザコエビで厶り升れバ、魚扁に段の字を書て、鰕蔵に厶り升、と自分を卑下の口上大評判ゆゑ、口上で入りがあるといはれてハ、役者の恥也と、五日程が間口上をいひ、それより口上なし。然《しかれ》とも益《ます》々《ます》大入也。

日数などに異伝があるが、鰕蔵自身の舞台上からの語り口が聞こえてくるような精緻《せいち》な記録からは、爛熟《らんじゅく》期へと向かう江戸の熱気さえ感じられる。

この本を筆者は、以前は地元の図書館で、外題を索引で一覧し、国字の類を抜き出すことにしかほぼ使っていなかった。こういう中身には手を出せずにいたが、外題を追うだけでは不十分だった。本文はやはり情報量に富んでいた。

これらの紙の資料を購読して、記録が存在するかどうか当たってみる前に、インターネットだけを用いることで、「鰕」の口上の中身について、どこまで調べられるか試みていたので、そのとき調べえたことも書いておこう。

改めて、山梨の歌舞伎の資料館内にあった解説の印刷された写真（の写真）をじっと見つめてみた。読める字から、Googleで検索をかけてみる。あれこれと試行錯誤する中で、「焉馬」が横切った。似た字を書き誤る意の「烏焉馬《うえんば》の誤り」という語が頭に残っていた。また、この鰕蔵の義兄弟となった友人の名も、書籍などで読んで覚えていたような気がする。ともあれ頭に入っていてくれた。そう、「立川焉馬《たてかわえんば》」だった。先に引いたように「烏亭《うてい》焉馬」ともいうのも、もじりが効いている。昔どこかで仕入れた思わぬ知識が役にたって、つながることがある。江戸の文化は、そもそもがこうした連想を雅俗の差を超えながら楽しむ余裕をもって成り立っていたはずだ。

彼には先に見た『歌舞妓年代記』のほかに、著書の一つに、『今日歌白猿一首抄《きょうかはくえんいっしゅしょう》』がある。これに違いない。いわれてみれば、資料館の不鮮明な写真の文字様の影も、そう読めてくる。

これはWEB上で、写真版（寛政十一年版）が見つかった（ただし、その後はなぜか接続できなくなっており、こういうものにも一期一会性がある）。ありがたいことに、やっと典拠が分かるときが来た。しかし、その本文を読んでみたところ、すでに「鰕蔵」となっていた（「海老」ともある）。それは、問題の口上を行った一七九一年（寛政三年）十一月江戸市村座《いちむらざ》ではなく、七年も後の寛政十年における口上に関する記事だったのだ。

デスクワークが続くと、体力の（喩《たと》えが古いが）カラータイマーは点滅する。夜更かしは息の長い研究生活にとって禁物なのだが、ここは諦《あきら》めずに、さらに焉馬から探っていく。「（市川）白猿七部集」、とくにその初めの一書『御江都《おえど》餝《(の)かざり》（錺）鰕《えび》（蝦）』が、問題の口上の直後、寛政四年のものとされるので見てみたい。しかし、「飾」の国字「錺」や「餝」など複数の異体字と「鰕」「蝦」との組み合わせを掛け合わせた表記のバリエーションの可能性の多さに、検索しようとしてやや尻込みする。あいまい検索はまだ頼り切れない。その書物も気になったが、昔見た年代記も、彼の著述だと分かり、早稲田大学の蔵書検索システム「WINE」へ移ってみる。幸いにして、撮影済みの版本が画像として載っていた。

この鰕蔵の贔屓の著書をたどっていったところ、ついに一次資料らしき文献に行き着いた。見つかったのは『歌舞妓年代記』（一八一一年〔文化八年〕）、かつて学生時代に図書室で活字化されたものを開いたことがある本だった。これがまた、WEB上で、深更に写真版で見られることの幸せを噛《か》みしめる。巻七―二五オにて、祖父や親の「海老」ではなく「天鰕《ざこえび》の文《も》字《じ》を用《もち》ゐまする」との口上を、変体仮名で記された文章で確認し、後日の確認と保管のためにダウンロードした。

この本で、その文章の近くにあった「き（ん）めぬき」で始まる外題は、確か見覚えがあった。歌舞伎や浄瑠璃《じょうるり》の外題では、難字や造字を駆使して、五字や七字など奇数の字数に収めて縁起を担ごうとする。そうした無理のある表現に対しては江戸時代にすでに賛否両論が出ていた。そのあたりのことばかりに気を取られていて、エビの表記まで関心が向く余裕はなかったのだ。まさに外題学問では分からぬことがあることを、ここでも痛感する。

5　「鰕」の正体

　初代に関する謎についても万全を期すべく、『江戸芝居年代記』と『歌舞伎年表』を購読してみた。後者は古書として値が大いに下がっていた。開いてみたところ、前者には、「金《き》目《め》貫《ぬき》源家《げんけの》角鍔《かくつば》」（寛政三年冬）の項（二五三頁）にも、「改名　五代市川団十郎改、市川鰕蔵、市川ゑび蔵改、六代市川団十郎」、「改名の口上に、祖父親は海老の文字を付ましたが、私がゑびは天鰕《サコ》ゑびの文字を用ひ舛《ます》る」などとある。ここにも、この口上が大評判で、口上で客の入りのあるのは恥として四日目より口上をやめたが、それでもやはり大入りとある。また日数など相違があるが、先行文献から引いたのだろう。

　梨園関連の調査の仕上げを目指して、市川家の公式WEBサイトで書名が挙げられていた服部幸雄『市川團十郎代々』も読んでみた。すると、先の書名の「エビ」が『御江都飾《かざり》鰕《えび》』（寛政四年刊）と魚偏になっていた。

そして、「祖父《じい》、親は海老蔵の文字を付けましたが、私がゑびは天鰕《ざこえび》の文字を用ゐまする」という記事を『歌舞妓年代記』から引いていた（六八頁）。初めにこの本を見ていたならば、と後悔の念がよぎったが、そこに自力で辿《たど》り着こうとする間に、あれこれと、あがきもがいたお陰で、思いも寄らぬ文献の記載との邂逅《かいこう》に恵まれたことを思えば、回り道や徒労だったとは思えない。

さらに、そこに出ていた書名『五世市川団十郎集』（市川團十郎・日野竜夫、ゆまに書房〔一九七五年〕）に惹《ひ》かれて、これも入手したところ、そこにも口上の記述があった（六一四頁）。さらに見たことのある国字、初めて目にする国字などが出てきて、副産物がまた増えた。「團十郎」ならぬ「談洲楼《だんしゅうろう》」など、ことばや文字による「しゃれ」「こじつけ」も多い当時の歌舞伎界がよくうかがえる。『市川ひいき　江戸花海老』という書名も見える。『御江都餝鰕』（餝と飾は互いに異体字）では、贔屓の一人、山東京伝《さんとうきょうでん》も「鰕」を使っているとのことだ。

すでに引いたとおり、ザコエビを指すために「海老」ではなく「鰕」としたという話は、間違いなく当人が舞台上で連日語り、歌舞伎界において、周囲の人々によって記録されてきたことであった。

そして、もう一方の検証をしなければならないルートが残っていた。「鰕」はザコエビを指すという話に関して、漢字と語そのものの出所については、どうだろうか。

これも、典拠らしきものが見出せた。林羅山《はやしらざん》が編んだ寛永《かんえい》七年古活字本『多識編《たしきへん》（篇）』には、「天鰕」に「古恵比」とある。本草学者でもある貝原好古《かいばらよしふる》編『和爾雅《わじが》』巻六―一一ウも「鰝（イセヱビ）」に対して「天鰕（コヱビ）」などと掲げる。これらの「小」と「雑魚」では意味が近い（「こ」と「ざこ」も発音が一字通う）。中国側の資料では、宋代の『嶺外代答《れいがいだいとう》』は、華南《かなん》の俗字を紹介する資料として、筆者にとっては遥《はる》か前の卒業論文の執筆以来、なじみ深い文献だったが、そこにエビではないものの「色白身長似小蝦」という「天蝦」なるものも現れていたのであった。

これらの古い文献においては、「鰕」は、大きいエビにも使われていたが、中国の都は、沿岸部から離れた中原《ちゅうげん》に建てられることがほとんどで、黄河《こうが》や長江《ちょうこう》など内陸の河川や湖沼に棲《す》む魚のほうが中国の多くの人々の日常生活に結びついていたことはいうまでもない。それに伴って、大海ではなく、淡水に暮らすエビこそが「鰕」「蝦」の字で表されることが多かったということも指摘できる。

ただ、「鰕」は、その口上より前の時期に、日本の識字層の間で常にザコエビと意識されていたわけではなかった。「かざりえび」は正月の飾りに用いるエビのことで、実は早くから團十郎の異称となっていた。『江戸芝居年代記』（『未刊随筆百種』一一巻一五七頁）などに、

歌川広重「広重魚尽」より「伊勢海老・芝蝦」（国立国会図書館蔵）

二代目の海老蔵の出演する「餝《かざり》鰕《えび》鎧《よろい》曽《そ》我《が》」（寛《かん》延《えん》元年（一七四八年））という外題での使用例もあった。まさに正月に、江戸の中村《なかむら》座《ざ》で上演されたもので、「海老」では外題の字数が名号と同じ六字になってしまうために、字数制限によって避けられ、五字で表現できるように同訓の一字が探し出された結果と見ることができる。

また、和語の発音からも考えておこう。「アミ（ジャコ）」は別名「アミエビ」ともいうようにエビに似ており、「アミザコ」「アミジャコ」そして「アメジャコ」と訛ることがある（『日本国語大辞典』第二版ほか）。ここにある「ザコ」が注目される。「雑魚（雑喉）」へと連なる。またこの「アメ」が「天」という語からの類推によるものかもしれず、またその逆の類推から「天」の語が当てられたとの可能性が想起される。

浮世絵師の歌川広重《うたがわひろしげ》（一七九七―一八五八年）には、「伊勢海老・芝蝦《しばえび》」と呼ばれる浮世絵の作がある。そこでは、それら二種のエビの姿が対比的に描かれ、そこに詠まれた歌が記されている。この作品の中では実際には「伊勢海老」と「芝浦《しばうら》の鰕」という表記が使われている。ここでも漢字表記を区別しているわけだが、鰕蔵が選んだ表記の影響がここまで及んだという可能性が想定できる。この「魚づくし」のシリーズには、「車海老」という表記も見られ、広重がエビの漢字表記を区別する習慣をもっていた様子がうかがえるのである。

6　「エビ」の漢字から分かったこと

先に述べた近世の「天鰕」に対するこうした事実やイメージが、五代目市川團十郎の「ザコエビ」という謙遜に利用されたのであろう。表記の多様性への意味づけが、江戸期にすでにエビについても行われていたことが、ここまでの検証によって確かめられたであろう。

一次資料から始まる調査もあれば、回り道からスタートし、疑問が疑問を呼び思わぬところへと行き着く調査もある。思い返してみると、筆者が行ってきた漢字の調査では、目的とした字そのものよりも、それとは無関係の副産物として得られる収穫のほうが割合は高そうだ。一つの資料にとどまらず、対象が枝分かれしていくことは大変なのだが、漢字のもつ不可思議な求心力よりは、四方八方に、人のいるところ、営むことのすべてへと広がる遠心力に惹かれる。振り回されて目を回さないようにするのも一苦労だが、そこは芯をもって踏ん張らないといけない。

念を入れてと考えてみると、演劇評論家で『歌舞伎年表』を編んだ伊原青々園の著述にも何かありそうな気がしてくる。彼の著作では、『市川團十郎』（エックス倶楽部〔一九〇二年〕）などが、やはり国会図書館のデジタルライブラリーで見られるようになっていた。『市川團十郎の代々』上巻（一九一七年）には、『松屋筆記』巻四に、陸奥市川村の鰕の名所に生まれたという異説を引き、江戸の俠客、唐犬十右衛門が男子の出生を祝して、壁間に掲げた海老の画幅を贈り、海老蔵と名付けたという話を記す。ここまで書いてきた内容について、それらを否定するものはないようだった。

先に述べたように近年一般にはすっかり定着した感のある「Wikipedia」などには、「イセエビなどの海底を歩行する大型のエビ類を「海老」、「蝦」または「蛯」、サクラエビなどの海中を泳ぐ小型のエビを「蝦」、「魵」または「鰕」と表記する」と言われているが、実際にそこまで厳格に区別しているわけではない、とある。他の漢字雑学本の類にも、同様の記事が見られる。そこに記述された表記の区分は、本来的な書き分けでは決してなかった。しかし、この出所不明の俗説めいた一文も、実はこのようにしてみれば、近世期の意識にまで遡りうると考えることもできた。歴史は、こちらから一つずつ書証を当たっていけば解明できる場合がある。そうして知ることには、やはり歴史の最前線であり切片である「現代」の状況に対する検討とは違った面白さ、そして困難の対価としての醍醐味がある。

市川家には、そもそも昔から、凄《すさ》まじい人たちが陸続と現れていた事実にも、この「鰕」という字を追いかける過程で触れることができた。ここまで来ると、初代の、あれこれとつながりすぎて感じられる諸々《もろもろ》の文字に関する歴史の闇に閉ざされたようなエピソードについてはともかく、より近い五代目の話に関しては、「鰕」と「海老」とで格に差を意識しているために、より多くの確かな一次資料に当たりたくなってきた。当時の評判記にも、この字の一件について言及されていないだろうか。想像はキリがなくなってくる。

7　さらに同時代の資料へ

ここまで市川鰕蔵について、「鰕」という字に焦点を当てて追いかけてきた。本人が台本を書いていたとしても残ってはいないだろう。最後に仕上げとして、同時代に生きた生《なま》の口上を聞いた贔屓筋が書いた本や評判記と呼ばれる第一級の資料にも当たることで、当時の状況に迫ってみたい。

『歌舞伎評判記集成』を見ていくと、元禄時代のころから團十郎が華々しく脚光を浴びたことが随所に記されている。人気のほどが分かるのだが、同集成は、第二期の明和《めいわ》九年（一七七二年）のものまで刊行されたものの、鰕蔵の名が現れる寛政年間の評判記までは及ばなかった。改名の後に出た評判記『役者名所図会《やくしゃめいしょずえ》』（一七九二年〔寛政四年〕）江戸之巻においては、その芝居は極めて高く評価されている。

後に控える文化・文政期に先駆け、爛熟した文化と頽廃的《たいはいてき》な社会の到来を予見するかのように、このころ、当て字、そして二つの漢字を組み合わせてそのまま読ませる合字、さらには会意の方式によるなどして新たに設けた造字による外題が新作されつづけた。比較的知られたものを挙げておこう。

「苅萱桑門筑紫 𨏍《かるかやどうしんつくしのいえづと》」

並木宗輔《なみきそうすけ》・並木丈輔《じょうすけ》作。一七三五年（享保二十年）、大坂豊竹座《おおさかとよたけざ》初演。車偏に榮で家へ持ち帰る土産を表した。「家裹《いえづと》」「家苞《いえづと》」では八字になってしまう。

「三十石 艠 始《さんじっこくよふねのはじまり》」

並木正三（しょうざ・しょうぞう）作。一七五八年（宝暦《ほうれき》八年）、大坂中山文七座《なかやまぶんしちざ》（角の芝居）初演。「艠」は、夜船での燈火《とうか》のイメージによるのであろう。さらに「いかだ」などの別の読みを与えられるなど、歌舞伎の外題の世界で受け継がれていく。

その背景には、先述のように「南無阿弥陀仏」の念仏を想起させる六字を避けて、五字、七字の外題をめでたいものと見る験《げん》担ぎがあり、こうした新奇な漢字への批判をものともせずに、梨園独自のきらびやかで虚構性さえも感じさせる漢字の世界を構築していくのである。

同時期の評判記について、早稲田大学の演劇博物館に所蔵されている資料も調べてみた。それらは、同大学図書館の蔵書検索システム「ＷＩＮＥ」では、引けないものとなっていた。

團十郎をもじって談洲《だんしゅう》（州）楼《ろう》と名乗るほど、立川（烏亭）焉馬は、市川團十郎の熱烈なファンであり、贔屓連を支えていた。毎年のように、大小暦に團十郎を描き込んで刊行していた。焉馬は、本所相生町《ほんじょあいおいちょう》に住む大工の棟梁《とうりょう》であったが、狂歌師、戯作者でもあり、落語を復興させたことでも知られる。義兄弟となった團十郎に関しては、『歌舞妓年代記』のほかでも、貴重な記述をいくつか残していた。

贔屓衆による狂歌集『團十郎七世嫡孫《しちせのまご》』（市川七世狂言年代記）は、演劇博物館所蔵本の表紙に「寛政十二年」（一八〇〇年）との筆書きがなされている。その本の中には、「大福帳鱠《さんかい》名《な》護屋《ごや》」（大福帳鱠と省略）と合字にしたことで七字にまとめためでたさが滲《にじ》む外題も記されている。「海老《えび》蔵」については、「初めは段《だん》十郎と文字《もじ》にかきしなり」と明記している。「團十郎」は「ゑひ蔵と改名」ともある。「ゑび蔵」と濁点の付されることもあるのは、当時の自由な表記の一端を表している。彼の改名を祝し、「鰕蔵か團十郎（良）に成田己（已《のみ》か）」「紫と海老はお江戸のかざりもの」などと詠まれている。

「五代目」の三字に対して「市川團十郎後ニ鰕蔵白猿」と割り注がなされ、

同三年亥皃《かお》見世團十郎を忰《せがれ》海老蔵へゆづり我はざこ鰕《えひ》といふ名ニ改鰕蔵と書て名人上手に毛が三筋たらぬとのひげの口上俳名も白猿といふ　此時真顔《まがお》焉馬両人にて御江戸のかざり鰕といふ本を著述す

と、ここでも口上について書き残していた。口上の文言の違いは芝居の日や記憶、表現の文章化の際の違い、そして転記のあやによるのだろう。「忰海老蔵」とは、きちんとエビの漢字表記を書き分けている。

「㊂」（三升）は、「まことに御江戸に叶《かな》ふもんところ」などと讃《たた》えられている。「美《み》満《ま》寿《す》連中」「美満寿」の文字も佳字で飾り立てられたものであった。

焉馬による「(市川)白猿七部集」の最初を飾る『御江都餝鰕』は、たしかに「鰕」という字で版行されていた。表紙には、「寛政三年」(一七九一年)と筆で書かれているが、巻末には寛政九年(一七九七年)の「江戸日本橋《にほんばし》四日市《よっかいち》　上総屋《かずさや》利兵衛」という奥付をもつため、後印本すなわち後世の復刻かともいわれている。大阪大学所蔵の寛政四年版でも題名は同じであった。鹿津部真顔《しかつべのまがお》による序文や内題では、その五文字に対して「おゑどのかざりゑび」と振りがなが付けられている。山東京伝がしたためた序では傍訓がないものもあるが、自序でも、「御江戸《おえど》の飾鰕《かざりえび》と題して著《ちょ》し」とある。

真顔は、「市川鰕蔵《えびぞう》」に絡めて、「鰕《えび》」について、「鰕雑魚《えびざこ》をはかり蜆子和尚《けんすおしょう》の禅味《ぜんみ》をあまんじて」、「珠鰕《しゅか》を献《けん》ぜしためし」などと述べ立てる。蜆子和尚は、唐代末期の禅僧で、川辺で蜆《しじみ》や蝦を獲って食べて飄々《ひょうひょう》と暮らしていたと伝えられ、そこから室町期より「蜆」もエビと読まれるようになっていた。「鰕《えび》をもて実名《じつみょう》とし」「改名《かいめい》」、「御江都飾鰕《おえどのかざりえび》」と、京伝も寛政三年に序文で述べている。本文には、「祖父海老蔵《そふえびぞう》」のほか次のような記載がある。

五代目市川團十郎今改名鰕蔵《かいめいえびぞう》

市川鰕《えび》蔵改名吉例《かいめいきちれい》のしばらく
海老蔵　今改名六代目團十郎（割り注）

そして、ここでも、

扨《さて》ゑび蔵口上《ぞうこうじょう》に祖父親《そふおや》は海老蔵の文字《もんじ》を付《つけ》ましたが私がゑびは天鰕《ざこえび》の文字《もじ》をもちいまする

と、改名の口上が引用されていた。客席で崩し字で速記したのか、頭に焼きつけたのか、あるいは日による違いか、やはり文言に揺れが見られる。それを受け、「ざこゑびとの口上をきいて鰕《えび》の卑下《ひげ》」と洒落《しゃれ》のめし、「いにしへの海老の文字はかわれとも贔屓の文字はかわらさりけり」と詠む。「江戸のかさりの鰕」「かさり鰕」「鰕の髭《ひげ》」「伊勢鰕」「鰕」、そして「海老」「ゑひ」などと鰕蔵をエビになぞらえ、ときに「日本一」と賞賛しつついくつもの句が詠まれている。ここでも「蜆子和尚」が引かれている。ただし、これらの資料にはやはり「蝦」は出てこなかった。今ときおり見られる「蝦蔵」は、ほとんどが後代の誤記や誤植だったようだ。

市川家の定紋をそのまま文字列に組み込んだ「回組」が何度も現れるのは、現代の絵文字を思わせる。「かまわぬ」をしゃれで「」とするのも市川家が広めたものだった。こうしたところにも、漢字や記号を自由に用いる気風が当時江戸の町に漲《みなぎ》っていたことがうかがえよう。

『歌舞伎評判記集成』の編纂が及ばなかった寛政年間にも、評判記は刊行されていた。團十郎が鰕蔵と改名した寛政三年十一月以降に、鰕蔵の「鰕」の字に関する記述が評判記にもなされたのではなかろうか。

評判記は毎年正月に刊行される吉例があった。そのころの評判記が東京藝術大学などに所蔵されているが、時期がずれているなどしており、この記述が見られない。そこで、翌年の一月の刊記をもつ、八文字《はちもんじ》屋《や》八左衛門《はちざえもん》板の『役者名所図会』を見てみた。インターネット上では、立命館《りつめいかん》大学の所蔵本が閲覧できる。しかし、大坂之巻だけであって、そこに鰕蔵は登場しない。

早大の演劇博物館に所蔵されている本に当たると、そこには大坂之巻のほかに、京都之巻、そして江戸之巻も含まれていた。そして江戸之巻に、鰕蔵は繰り返し言及されていた。

役者には、それぞれ「上」「上上吉」といった評価が与えられている。それは厳しいもので、「吉」の最後の画までは及ばずに、その上部の「士」や「吉」など途中までしか書かれていない字も見られる。「吉」には及ばない、その程度が字画でも示されるのだ。さらにその字の線が白抜きの籠字《かごじ》にされているものまである。点画の白抜きは、黒に至らず、というマイナスを示している。現在の本やネット上での映画や飲食店などに対する評価に見られる、「★★☆」、「3・24点」のような微妙で細かい評価がすでに行われていたのである。こういう評価が並ぶ中、「極上上大吉無類　堺町　市川鰕蔵　市村座」と記されている。そして、「その名は唐《から》天ち《じ》くに渡る日本橋《にほんはし》」と絶賛する。「蝦蔵」と虫偏に書かれたように見える箇所もあるが、改名の口上を引く箇所では、「鰕蔵」「ざこ鰕」とはっきりと魚偏に作っていた。

ここにも「江戸回連」のような遊戯的な表記が出るかと思えば、中国で清代初めに刊行された大部の漢字字書の『正字通《せいじつう》』を引いた「贔屓《ひいき》」に関するペダンティックな言及も見られる。文字に対する柔軟で貪欲《どんよく》な江戸の人々の姿勢が垣間見える。ちなみに、七代目團十郎は、蝙蝠《こうもり》を着物の柄などに取り入れたが、これも中国で蝠が福と音が通じるといってめでたがれたためであった。

この『役者名所図会』には、巻末の広告にも、先の「美満壽《みます》大評判（割書）御江都《おゑど》餝《かさり》鰕《えび(び)》」を収め、内容を簡単に紹介している版があった。それについての説明文に、「餝鰕」の二字をいずれも金偏に作るものがあったが、こうして誤植であることが確かめられた。振鷺《しんろ》亭《てい》主人が宋代の華南の俗字「閄《コク・ワク》」を類義の急に飛び出して人を驚かす語「ももんが」に用いた本『会談興晤《かいだんおとしばなし》閄《ももん》（雅《が》）話《わ》』の巻末広告にも「御江都《おゑど》錺鰕《かざりえび》」とある。
ほかにも、歴代の市川家には、「市川ゑび蔵」「市川鰕十郎」「市川小蝦（鰕）」なども現れる（七代目團十郎の前名《ぜんめい》は「ゑび蔵」〔木村涼『七代目市川團十郎の史的研究』吉川弘文館、二〇一四年〕）が、当初の漢字の探究についてはすでに解答が得られたので、海老蔵に関する漢字の考察と談議はここまでとしたい。

先に触れたとおり、以前、同じくエビと読ませる国字の「蛯」関連の歴史について考証を行っていたのだが、実はそのとき、海老蔵ルートについては、時間がかかりそうだし国字ではないからなどと合理化し、後回しにして回避していたものだった。最近学生が、筆者の「蛯」に関する早大の模擬講義（「早稲田大学体験WEBサイト」http://www.waseda.jp/taiken-waseda/academics/school/sss/）を視聴し、高校のときに留学した台湾の地下鉄のホームのテレビ画面で「黄金海老堡」（堡はバーガー）という文字がCMに映し出され、中国語でハイラオ（海老）のように発音されていた、と書いてきてくれた。二〇一二年のことであろう。便利なことに、youtubeで、たしかに見ることができる。その二年前には、国字の「鱈《たら》」も、台湾で普通にCMで用いられていたことも分かる。

ついに、和製の熟字訓「海老」が台湾にモスバーガーの日本式商品とともに進出したのである（漢籍では「海老」にエビの意味はなく海が涸《か》れるという意味だった）。中国大陸でもエビバーガーが売られていた形跡がネット上には見受けられる。「海老」と「蝦」（簡体字では虫偏に発音だけを示す「下」で「虾《シア》」）とで日本のように意味の差は生じるのだろうか。文化的な交流は、それぞれの文字に対して相互に影響を与えてきた。海老蔵もこの先中国公演をすれば、「海老」の認知度はさらに高まることであろう。

倉卒の間の考証ごとだが、エビの字に関する四〇〇年足らずの出来事ではあっても、調べは尽きることとない。ただ、調べごとを進めても、二代目團十郎の俳名「栢莚《はくえん》」には百廿（二十）歳まで生きられるという縁起が担いである、市川家には「蟹《かに》十郎」「蝦蛄《しゃこ》六」なども命名されるようになった（金沢康隆「歌舞伎芸名考」上・下『演劇界』七－十一、八－一（一九四九、一九五〇年））など、直接関係しないことばかりが見つかるようになってきた。なおも不足があるかもしれないが、まずは隗《かい》より始めよともいう。歌舞伎史がご専門の方は、まだあれがあるのに、と嘆じられることだろう。博雅のご示教を願う。

襲名において、先代に敬意を表して芸名の漢字に違いを設けることはときおり行われたようで、今なお各界で行われている。三遊亭楽太郎《さんゆうていらくたろう》から二〇一〇年に師匠の名跡「円楽《えんらく》」を襲名した六代目三遊亭円楽は、「圓楽」は五代目のものとして、自身は「円楽」で通している。

漢字の字体や書体では、正字体や旧字体は俗字体や略字体に勝り、楷書体は崩し字に勝るという意識も根強くある。敬称でも、「様」（永様）は「様」（次様）「様」となるほど敬意を落とし、三味線界では芸名の「澤」と「沢」とで格に差が示され、将棋の駒《こま》でも「金」は書体が崩れるほどに力の弱い駒となる。「竜」よりも「龍」が強そうだとの見立てもほぼ定着している。

ここまで見てきたように、日本人は耳で聞けば同じ語にすぎないものであっても、漢字の選び方、用い方によって微妙な意味やニュアンスの差を表現してきた。そのイメージを重視する姿勢は日本独自の言語文化を彩っている。

一方で、そのイメージを感じ取ろうとする心性が高ずるあまり、本来は存在しなかったと客観的には判断されるものであっても、感覚的に漢字から読み取り、伝承していくケースも生じることがうかがえた。史実と後から生まれたしっくりくる話とが融《と》けあう現象は漢字だけに限ったことではない。

漢字に意味、さらにはイメージを感じ取ろうとする気質は、実は中国よりも日本のほうが顕著に見出せるのである。第三部では、実はまだベールに覆われた部分の多い中国の歴代の「正しいとする漢字」について、ここまで述べてきた日本との共通点と相違点が立ち現れてくる科挙に焦点を当てて見ていきたい。

第三部　科挙と字体の謎

1　「令」――「誤字」とは何か

漢字はもともと人が手で書くものである。人には個性があり、同じ字であっても筆跡ごとに字の形は違いを呈する。また同じ人が同じように続けて書いても、書くたびに微妙に形は変わり、全く同じ形の字を書くことはできない。しかし、漢字をはじめとする文字は社会的なツールでもある。全く違う形を書いてしまえば、意図した情報が他者にきちんと伝わらない、相手が読めないという結果を生み出してしまう。そうした危ういバランスの中で手書き文字は使われてきた。

さまざまな書体の中で、楷書は点画の構成が比較的明確である。それだけに、筆記者の個性や一回性が目に付きやすい。現代の日本語の表記において、そこにはさまざまな理解と解釈が行われており、学校の漢字テストなどで、細かな字形の違いに対しても誤字として「×《バツ》」が付けられることがある。

学校の教員は、律儀に指導し、きっちりと採点をしようとする傾向がある。Twitter《ツイッター》を見ると、「姪《めい》のテストを見て驚愕《きょうがく》。これで100点を逃したようです」(http://twitpic.com/4be8hy) というような書き込みが散見される。「耳」を右側に出ない「耳」と書いたら間違い

篆書　隷書　草書　行書　楷書

（『大書源』二玄社〔2007年〕より）

にされた、「女」をノが右上に出る「女」としたら×にされた（逆に「女」と書いたら×にされたケースもある）など、実際の日本中の教室での採点から見れば、氷山の一角にすぎない（村内英一「漢字の字体に関する問題――書取の正誤判定の限界」『国語科教育』一五〔一九六八年〕など言及は多い）。「壇」と「檀」では、右下の部分がよく見たら「旦」と「且」で異なっていたので、そこを見て採点していると話す教員もいた。

そうした中で、「令」と「令」とを熟語の「律令《りつりょう》」と「令嬢」のように使い分けているという人まで現れた。教科書に出てきた、しかも発音の違いに加えて強めのイメージをもつ単語と、それを印刷していたフォントの形がそういう、ほぼ誰にも気付かれない使い分けを生み出したのだろう。なんらかの字形感が醸しだされていて無意識にでも他者に伝わるのならば、そのエネルギーは全くの無駄とはいえないが、いかがなものであろうか。「令」と「令」は字形は異なるが、骨組み、概念的な形である字体は同じと考えられる（本書ではそれらを明朝体《みんちょうたい》という書体で表現することを原則とする）。

「命」をふだん「命」と書く人は現代ではほとんどいないが、この字はもともと「令」に「口」を加えた字であった。このように、漢字は体系的に作られていても、字形は系統的であるとは限らず、組み立てたときのバランスなどにより、個別性が生じやすいものであった。

漢字の形に対する苦悩は、国語科に限らない。社会科でも「日蓮《にちれん》」「坪内逍遙《つぼうちしょうよう》（遥）」のしんにょうの点の数や形状には教科書や参考書などによって揺れがある。フォントによっても表現に違いが大きい。入試で手書きするときには、どれが正解になるのかはっきりしないための不安が受験生につきまとっている。

こうした漢字の形に過度にこだわる教育を受けた人たちは、そういう窮屈な社会を再生産する。役所や郵便局、銀行などの窓口では、「鈴木」「玲子」の「令」の部分が通帳や免許証と手書きとで一致しないので、本人確認ができないといったトラブルを続発させている。こうしたことは、職場や家庭でも実は随所で発生し、曖昧《あいまい》な根拠によってその場その場で「解決」してしまっている。このように字の形をめぐって、教育現場でも、窓口業務でも、一般の日常生活でも問題が顕在化しているのだが、規範意識が硬直化している中で、有効な解決法が見つからなかったようだ。

誤字とされるものには、「木」をはねた「木」のほか、「齢」の偏と旁を左右逆に配置した「齢」のような誤りとされる（転倒）字体、「末」（すえ）をミと読む「未」と書いてしまう誤用もあり、「柿《かき》」を「あね」と読むような誤読も含むことがあるが、第三部では「木」を「木」と書くような漢字の楷書体の形に関する現象を中心に据えて考えていきたい。

漢字の形についての通念は、戦後の国語政策、漢字政策が定めた字形の揺れの幅よりも概して狭いようで、先に触れたように種々のトラブルが発生している。そういう現状をふまえて、手書きをする場合の字形の考え方について、二〇一六年二月に、文化庁から指針が示された。「常用漢字表の字体・字形に関する指針(報告)」である。

筆者は、その内容を審議した漢字小委員会の副主査として、指針のとりまとめに携わった。この過程において、非常に多くのことを考えさせられた。筆者は漢字については、一通り学んできて、あれこれと分かった気持ちになってはおり、現実に起こっている問題が提示されればその知見を当てはめようと考える。しかし、たしかに存在する一つ一つの課題に直面するたびに、多面体のような漢字のもつ、時空を超えた複雑な次元を感じさせる個々の事情について、新たに考えさせられることが発生するのである。

それに付随して、審議会となると各分野の専門家が集まって、価値ある資料をふまえながら、日本語に関わるすべての人々に貢献しうる方針作りを目指して検討を行うため、これまで見過ごしてきた事柄に対しては学び直しも必要となる。行政的なことにまで時間を費やす場面も生じるが、そのようにして、かけがえのない知的な経験まで得られることは、やはり研究者として幸いなこととといえる。公共性のある漢字というものを整備し、選ぼうと最善を尽くしているつもりではあり、自身の信念や主張が通ることもあるが、社会にそれが最善の形で還元できたかどうかは、最終的には歴史が判断することになるだろう。

言語学は一般に言語の「正しさ」については直接の研究対象に据えようとはしない。まして、「美しさ」は研究対象の外に置く。それでも、人々は、言語や文字に正しさを求めようとする。伝統的な漢字学は、「譌字《かじ》」「誤字」といった用語をもっており、漢和辞典にも一部ではあるが反映されてきた。多くの人々は、正しいことば、正しい文字がどこかで定められているはずだという信念を、いつの間にかもつようになっている。根拠は、と尋ねればテレビ・ラジオの番組、新聞、辞典、教科書、表記ハンドブック、用字用語集、ＷＥＢサイト、常用漢字表といったもの、さらに教員や知識人、種々の理屈や類例、ついには慣習や噂《うわさ》、主観までが挙げられる。たしかに一般的な形式から種々のレベルで外れて、他者に通じなくなれば、それは言語や文字ではなくなってしまう。しかしいわゆる「正しさ」が欠けていても、いわんとすることが他者に伝達されることは少なくない。

2　「粁」――漢字にとって「本来」とは何か

そういう言語や文字の「正しさ」を追究しようとすると、「本来」の姿を基準に据えようとする傾向がある。しかし、言語にとっての「本来」がどこまで歴史を遡ればよいのかが定まらないのと同様に、文字の場合、とくに漢字の場合には、「本来」のもつ曖昧さと、正しいとされたものの厳格さとのずれが際立つ。漢字は、とくに楷書体は四角四面な形状と直線的な字画が多いことの影響もあって、きちんとした正しい形が決まっている、決められているはずだという思いが一般に強い。

漢字には、形《けい》・音《おん》・義《ぎ》がある。この音はもとは語の発音であり、大もとは古代の中国語であった。義は意味であり、語の意味が一字ごとに固定化したものである。

形には、大きく分けて字形と字体と書体とがある。先に触れたとおり、字形は、一回書くごとに姿を変える、字の具体的な形を指す。字体はその微細な差を捨象した字の形に関する概念であり、本字、正字と呼ばれるものをもつ漢字もある。しかし本字は、たいてい象形文字に端を発し、絵画のようなものであったり、複雑な曲線によるものであったりして、楷書の筆法に直されたものでも、とても書きにくいものであった。たとえば、「留」の本字は「畱」であり、「限」の本字は「䁂」である。

漢字は、個々の字の出現した年代も、殷代に生まれた「一」から、近代に生まれた国字の「粁（キロメートル）」の類まで、三〇〇〇年以上の幅をもっている。「粁」は、「キロメートル」という六字を圧縮して印刷できるようにと、中央気象台が明治期に体系的に作り出した国字の一つだった。そのような近代に生まれた漢字は本字を特定するのが容易だが、本字の形跡が古代に途絶えてはっきりしない漢字もある。

正字とよばれるものは、今日ではほとんどの場合、楷書化された字体であり、本字よりも簡易化されたものが多い。正字と本字は別の形を呈することさえあるのだ。ただ、正字も筆画が煩瑣《はんさ》であったり、旧字体という位置におかれたりしており、今からそれを復活させて生活の中で皆が手書きの場面でも利用することは難しい。

字体に正字という用語があるように、書体にも、正書という名称があった。これは真書ともいい、書体の楷書を指す。勅令や儒教《じゅきょう》・道教《どうきょう》・仏教の経典はこの書体で記されるのが常となっていた。これに対して点画を続けて崩した書体を行書、草書といい、さらに大きく崩された狂草、破体書まである。正しいとされた書体や字体のことを、正体と呼ぶこともあった。なお、印刷書体には、正楷書体というものもあるが、これはやや癖を感じさせる筆法をもつ。書風となると正とはなじみにくい。

字の音読みには、本音《ほんおん》と呼ばれるものは通常なかった。殷王朝の人々が話した言語の発音は復元されていない。形声文字の声符（たとえば「鶏」〔雞〕の「奚」）や仮借《かしゃ》（後述する「我《ガ》」を一人称「ガ」に当てるなど）の状況から、ある程度は周《しゅう》王朝の人々の話した雅言（当時の中国語の標準語）との共通性は見て取れる。後代に、正音と呼ばれる概念は生じた。日本では古くは、正音が漢音を指し、当時（唐代）の中国中原の発音を模倣したものだが、早くから日本語の発音を変えつつその枠組みのうちに収めるように日本化が始まっていた。それより前に伝来した呉音や、その後に伝わってきた唐宋音、そして日本で作り出された慣用音なども日本語の中にそれぞれが、あるいは個々の字ごとにそのいくつかが、根を下ろしていった。

字の意味には、本義と呼ばれるものがある。しかし、字義には古くに発音が同じ別の字の意味にすりかわったようなものさえある。たとえば「我」がもともとノコギリや武器の象形文字でありながらもその使用例が残っておらず、殷代においてすでに転用された一人称の「われ」という意味でしか使われていないということは稀ではない。今日までに字の意味が変化、拡張あるいは縮小してしまっているものも少なくないのである。漢字とは別に、語そのものの意味が変化してしまっていることも常である。なお、正義という語は字の意味についてもあったが、主に書名の中でしか使われず、正しい意味、解釈を指した。

このように漢字には、常に「正しさ」がつきまとう。しかし、本来の形・音・義と、「正」という用語が与えられた字体、書体、字音、字義とは、それぞれレベルがほとんど一致していないのである。この根本の基準を探す時点で、長い歴史の中で変転と再生産を繰り返してきた漢字を一元的にとらえることの難しさ、そして面白さがある。そういう見方に基づきながら、引き続き、実際の漢字の来し方を見つめていきたい。

3 「髙」――漢字と政治

現在の日本では、市民が投票する選挙によって、一市民が国会、県議会などの代議士やその他の議員となることが普通である。立候補した時点では、やわらかく優しいイメージを重視するのか書きやすくするためなのか、マニフェストや選挙ポスターで自己の姓や名の表記をひらがなに換える人が少なくない。しかし、投票用紙における疑問票の判定となると、態度が一変することがある。誰に投票しようとしたのかが読み取りにくい票に対しては、ひらがなであっても誤字体であっても、自身の氏名だなどと主張する。

そのように氏名の文字に対して大らかさをもっていた人も、当選後に議員となると、印刷する字形にまで、過度にこだわる人々がいたそうだ。自分の名の字は「令」ではなく「令」なのだから官報や広報誌などで明朝体でもそう印刷するように指示し、そのレベルの微細な違いを表現するために作字がなされるケースも少なくない。経済面から見れば、こういうことに税金が投入されているのである。住民基本台帳とそのネットワークでも、筆押さえの有無などまでイントラネット上でそれぞれにコードが与えられ、膨大な外字が発生している。

通常のパソコンやケータイに搭載されているＪＩＳ漢字は、第二水準までで六三五五字、第四水準までで一万五〇〇〇字に達している。そこでは包摂規準というものが設定されており、「高」と「髙」、「吉」と「𠮷」など（後者は書字体、俗字体）は区点番号を区別することなく、フォント切り替えで字体、字形を表示・印刷し分けることになっていた。しかし、ＩＳＯそしてそれに基づくユニコードでは、それらの字を分離することとなった。これらが電子機器で、外字や機種依存文字としてではなくそこそこ使えるようになったのは、主に日本以外の国からの漢字の追加提案を受けて国際規格に登録されたためであった。日本でも、ＩＶＳという枝番号方式によって、こうした異体字やデザインの異なる字も入力、表示、情報交換などで区別して用いることができるようになってきている。

一方、姓名の根拠となる戸籍に対応するために制定された戸籍統一文字では、各種の漢和辞典や法文・規定を根拠に正字、俗字を採用する一方で「誤字」「略字」を排除し、わずかな字形の差は国語政策に準拠してデザイン差と見なして統合したものが多い。しかし住民票の電子化のほうが先行して行われたために、手書きの戸籍のとおりに住民票がコンピューターに移されたのだった。その結果、現在では住民票と戸籍との間で、さらには独自の基準をもつ免許証などとの間で、姓名の字体・字形が異なるというケースさえも少なからず発生してしまっているのである。

略字とは、「攝」に対する「摂」、「疊（曡）」に対する「畳」のように一般に簡易化された字を指す。たとえば「歩」に対する「歩」のように、稀に画数がかえって増える字など、それ以外の意味でも使われる。また俗字と区別し、規範意識のより低いものとする習慣が近代に一部でたしかに生じたことが近年、山下真里《やましたまり》「近代日本における俗字と略字の差異」（『国語文字史の研究』一五、和泉書院〔二〇一六年〕）などの調査研究によって明らかにされてきた。

江戸時代、幕府は武家の慣習に従って公的な文書には御家流を公式な書体として据えた。明治維新の後、新政府は、公用文で用いる書体も一新して唐様《からよう》に変えた。全国に設置された小学校でも、次第に行書、草書から、楷書を中心とするように移行していった。崩し字ではなく楷書で書くと、読み手にとっては読み取りやすいが、書くのには時間と手間がかかってしまう。

明治時代に制定された「戸籍法」第二九条には、次の規定があった（一八九八年〔明治三十一年〕五月二十五日「官報」号外）。

登記ヲ為《な》スニハ略字又ハ符号ヲ用キス字画明瞭《めいりょう》ナルコトヲ要ス

つまり、本名や本籍地などが記載される戸籍においては、人名での略字の使用も禁じられたわけである。戦前に、子に「女〇《めれい》」と命名しようとした人がいて、漢数字の「零」などに使う「〇」が文字であるかどうか、名前に使用できるかどうかが裁判で争われた際にも、この条文が引用された。しかし、実際の戸籍には、かつてはこうした記号の類だけでなく、崩し字や略字もしばしば書き込まれていたのである。戦前の漢字政策案では、手書きで使われていた俗字や略字を一定程度追認する方針がとられ、教科書や漢和辞典の類とも相互に影響を与えあった。

動物の毛を束ねて作った毛筆では、軟らかな毛先から染み出る墨の調子が実感されることによって、字形の一回性が常に意識されたであろう。しかし、教室だけでなく、一般社会のさまざまな場面で筆記具が硬筆にとって代わったことが、あたかも印刷活字のように同じ字形を人は何度でも書けそうだという思い込みを強める一因となったのではなかろうか。

日本政府の政策については後でまた述べることとし、ここからはその根源を生み出した中国での字体、字形に関する歴史を振り返ってみよう。

4　「吉」――中国での楷書の形の揺れ

中国で生み出された漢字は、同じ人であっても書くたびにときに大きく、ときには微《かす》かながらも形を変えていた。それは意識的であるか無意識的であるかにかかわらず、筆記具という物理的な面からも、書き手の生理的、心理的な面からも避けがたい自然なことであった。むろん西洋でもローマ字などでそれは起きていたのだが、もとの字が比較的簡易な形であるために、その違いがさほどは意識されなかったのである。

漢字は、六朝時代になって、それまでの扁平《へんぺい》で波磔《はたく》（はらいを強めた形）が目立つ隷書から、四角くて点画に均整が取れた楷書が派生した。その萌芽《ほうが》期から唐代の完成期に至っても、その個々人の書風や筆写時ごとの筆法の移ろいによって、字の形の表現には幅が生じつづけた。そしてそのバリエーションを自然に受け入れる素地が識字層にあった。ときには、それを楽しむゆとりさえもあった。

「天」という字は、隋唐《ずいとう》を中心とする伝統的な楷書体においては、字源に沿った古代の書体に近く、下の横画が長い「天」と書かれることが一般的であった。字書では、『字彙《じい》』『正字通』もそれを採用していた。しかし、清朝の勅撰字書で文華殿大学士の張玉書《ちょうぎょくしょ》らが編んだ『康熙字典』(一七一六年)は、上が長い「天」を選んだ。この選択が字書と習慣との間での乖離《かいり》を決定的なものとする。そうして各国で独自に規範意識が醸成されていった。

歴代の書証を見ればわかるとおり、中には、両方同じくらいの長さのもの、両方が合わさったような不揃《ふぞろ》いな種々の字形も書かれることがあった(『日蔵唐代漢字鈔本字形表《にちぞうとうだいかんじしょうほんじけいひょう》』、「左京職天平《さきょうしきてんぴょう》十年収納正税帳」『正倉院古文書影印集成』一など)。

こうした不揃いな字形は、ほかにもたとえば「之」と「心」からなる「志」にも見られる。一例を挙げれば、則天武后《そくてんぶこう》のときの写経残巻には、上の横画が左右にずれる「志」という形で書かれている。

さまざまな「天」　2本の横画の長短はまちまちである
(上3点・『日蔵唐代漢字鈔本字形表』)
(左・「左京職天平十年収納正税帳」『正倉院古文書影印集成』一)

楷書の筆法で横画を二本書けば、自然に下が長くなる傾向がある。漢字ではなく、郵便マーク「〒」や鳥居マーク「⛩」であっても、手書きすればそのように書く人が大半であり、そのように記憶しているという人も多い。それは安定感を求めようとする心理によるものであろう。これが自然と筆法として定着して、漢数字は篆書《てんしょ》のころから「二」のようになったのである。これは、同じ横画が二本重なっている、という情報が重要なのであって、ふだんは一マスぶんの中であれば、その長さが同じでも、上下の長さが左右に少しずれても、ほとんど気にすることなく「二」だと認識できてしまう（大きな漢和辞典には、下が短い字を別字〔「下」の古文つまり古くに一部で行われた書体・字体〕として載せるものがあるが、現在は通常使われない）。

字画の長短を利用して字種を区別することは、かつてはかなり困難だと考えられたようである。「士」と「土」はその例に当たるものだが、漢代には後者の右側に「丶」を加え「圡」とすることで字種の差を示すようになった（土の丶の高さは右の中間くらいが多かったがさまざまであり、右上にある「𡈽」という形も、『字学元元』などに見られ、日本人の姓にも使われている）。「王」「玉」も同様である。古くは中央の「一」の高さによって区別がなされていた（王のほうが位置が高い）のだが、漢代ころにその方法は放棄され、「丶」を入れたものがギョクとして定着を見た。

「吉」「𠮷」は今でも名字の字として違いがよく話題になる。この字は、成り立ちそのものが明確でなく、上部は「士」である必然性も、「土」である必然性もない。ただ、字面の安定感や運筆の関係から「土」のように書かれることのほうが多かった。後代には、両者に音義の差があるという俗説が中国（「吉」が凶の意）でも日本（「吉」がキチではなく「よし」と読む、あるいは農家を表す）でも発生したが、後付けのもので、もとは意味用法を区別することなどなく、同じものとして用いられていた。

なお、鳥の名のジュウシマツは「十姉妹」と書くが、この三字は、中国で木の名や、相思鳥という鳥を表す語であった。日本では、江戸時代から飼い鳥の名称にその意味を変えて定着を見た（加納喜光《かのうよしみつ》『動物の漢字語源辞典』東京堂出版〔二〇〇七年〕など）。この三字目の「妹」の日本での読みが「まい」ではなく「まつ」であるのは、最後の字の「妹」を「妹（女偏に末）」と誤認し、誤読したことからだともいわれている。曖昧に書かれた字面を眺めて、いわゆる「百姓読み」（旁などの音で漢字を読んでしまうことを古くこう呼んだ）をした結果ないしは字書を引いてたまたま見つけた音読みの一つを選んだのであろう。「妹」は夏王《か》朝の桀《けつ》王の妃《きさき》の名「妺嬉」（バッキ・マッキ）に用いられていたことを知っていたためにそれと混同したとなると、教養があったためにかえって混淆《こんこう》（記憶違いによって別々のものが混ざること）したという可能性も出てくる。

大学で教えていると、「末」と「未」が二つの別々の字であることに気付いていない学生に出会うことがある。それらを区別なく漠然と認識し、何となく書いてきたのであろう。二つの形が類似する字種が意識の中で未分化である個人においては、文字の観念上の形態である字体も明確に定まらないことがある。読めるけれども書けない漢字というものに連なるものともみられる。

5 「凸」――楷書の形の揺れの始まり

三〇〇〇年以上前の中国では殷王朝において漢字が使われはじめていた。そこでは、王が問い、貞人《ていじん》と呼ばれた巫《ふ》たちが天帝の意思とされるものを占い、骨などの割れ目から読み取った結果を、文言にして書き留める書記の集団がいたと考えられている。特定の氏族が文字を継承していたのであろう。亀の甲羅や牛の肩胛骨《けんこうこつ》など甲骨と後に呼ばれるものに、刀で刻み込んだ字が多く残っているが、そのほかに、その当時に筆で書いた字もいくらか現存している。「聿」も筆と手からなる字としてすでに存在していた。漢字の練習をした習字骨と呼ばれるものもいくらか出土している。さまざまな青銅器（鐘鼎《しょうてい》）に鋳込まれた金文《きんぶん》も、刻まれた印章も、それらがたしかに当時の遺物であるなら、作製する初めの段階で、筆をもって下書きが記されていたのであろう。

古来、漢字は兎《うさぎ》や狸《たぬき》、鹿《しか》、羊など動物の毛を束ねた毛筆で書かれてきた。晋代の書家である王羲之《おうぎし》（三〇三―三六一年。異説あり）は鼠《ねずみ》ないし栗鼠《りす》の尻尾の毛をも用いたと伝えられる。

乳児の頭髪を切って筆にすることとさえもある。それが墨液を含んで紙など自然の素材に触れることで生み出される字形については、人による、さらに場面による変動を免れなかった。個々の字がどうしてその点画でできたのかという字源に関する説は、古くから絶対的ではなかった。殷代のうちにおいて、すでに形態に変化が生じた字もあったほどである。

要素が多いために、そこに同じ文字体系内にある、別のルーツをもつ要素や点画からの類推が働く。人間が身体と道具を用いて書くのだから、手や筆を動かしやすい自然な運筆法も筆記に影響する。そうした条件が重なって、字の形態は言語と同様に一定程度は可変的であった。そして、それに対する社会や個々人の規範意識は概して緩やかなものであった。殷代から周代にかけての甲骨や青銅器に書かれた文字においても、それらの柔軟な様子はうかがえ、周代の竹簡《ちくかん》に書かれた字形なども、その状況を具体的に物語っている。

その一方で、字体に対しては、「正字」、「俗字」などの用語を具体的な字体にあてがうラベリングがしばしば行われてきた。それは公、私のそれぞれのレベルで、歴代の人々によってなされてきたために、個々に見ていくと齟齬《そご》が見つかる。

周代から、貴族の子弟や役人が身に付ける六芸《りくげい》のうちの一つとして「書」すなわち文学、書道、文字学の類が位置づけられた。漢字を数千種も覚えることは、篆書やそれ以前の曲線を含んだ複数の書体を用いた先秦《せんしん》時代の昔から、役人になるために必要な条件とされていたのである。

そのころの漢字の学習に関する記録がいくつか残っている。たとえば秦《しん》による全国統一の後に、大篆《だいてん》（籀文《ちゅうぶん》）を簡略化して小篆《しょうてん》（篆文《てんぶん》、篆書）を作ったとされる法家《ほうか》の李斯《りし》は、『蒼頡篇《そうけつへん》』を編纂した。その前にも『史籀篇《しちゅうへん》』があったともいわれ、その後にもいくつもの教科書が編まれていく。皇帝の下で書記の身分を得て役人として勤めようとする者は、そうした教科書を用いて漢字をしっかりと覚えることが求められたのであった。その字種は、九千字ともいわれたが、それはやや多すぎるため、延べ字数とも考えられている。近年発見された前漢《ぜんかん》の律令では、記録を担当する史官になるためには、五千字以上の漢字を暗記し、八体と呼ばれたさまざまな書体も書けるかどうかが試験されることとなっていた。

実は秦隷《しんれい》と呼ばれる隷書や、それよりも速く書ける草書も、すでに戦国時代や秦代に萌芽していた。行書も楷書に先立ってすでに発生し、使用されていたことが近年よく知られている。それらは、篆書などに対する補助的な実用書体として位置づけられた。

史官は、役人としては身分が低く、刀筆《とうひつ》の吏《り》とも呼ばれた。この刀は、竹簡や木簡などに字を書いていて、間違えたときに削り取るための道具であり、そこではさまざまな種類の誤字が訂正されていたことと思われる。ちなみに日本の平城京《へいじょうきょう》跡などからは、木簡のそうした削り屑《くず》が大量に出土しており、今日、作業場において一点ずつきれいに洗浄され、丁寧に保管処置がなされているのを実見した。それらは報告書に掲載されており、どういうものが削られたのか、検証してみると誤字の生成される傾向が現れるかもしれない。

秦を滅ぼして成立した漢の時代には、篆書体が簡易化され、字画が直線化し、筆法も変わった隷書体が主に使用されるようになる。その際に、字の形態もかなりの変化を見た。「䄟」は、後漢《ごかん》の後期の隷書つまり古隷《これい》から脱化した八分《はっぷん》という書体を代表する「曹全碑《そうぜんのひ》」では、碑と碑陰に「曹」「朁」とも書かれるようになっている。このような変化を隷変《れいへん》と呼ぶ。

そうした字の形の激変の時期にあっても、役所では漢字は正しく書かないといけないと定められていたようである。実際に、奏上して突き返された上奏文を見直して、自分が書いた「馬」の字の下部の線（今は点）が一本足りなかったことに気付いて、死罪に値すると猛省した役人もいたという記録が残っている。下って唐代の『干禄字書《かんろくじしょ》』序文に「馬中闕五」とあるのはこれを指すものだろうが、「馬中関（關）五」という異文による異なる解釈も生じている。

なお、「突」（突）という、穴から犬が飛び出るという会意によって作られた漢字をもとに、同じトッという語を象形文字ないし指事文字で作り変えた字に「凸」がある。この反対が

「凹《オウ》」であり、ともに漢字ではなく記号のように見えるとの声が多いが、いずれもこの時期に現れたもののようである。

「書道の字」はきちんとしているという意見を日本ではしばしば耳にする。その一方で、逆に「書道の字」は自由だ、という意見も聞かれる。毛筆で書かれる字には、お手本通りという意識と、書家が自由奔放に書いたものという両極端な意識が抱かれているのである。毛筆で書かれた文字は、小学校の書写教科書に載る臨書用の手本のそれを見れば、教科書体によく似ている。だが、中学や高校に進んで、臨書をするために過去の書を作品として見れば、字体、字形ともに自在な変化を呈していたことに気付くはずである。それぞれの知見と漢字に関する知識が、各自の漢字観を生み出すという事実がそこに表れているのである。毛筆の「とめはね」にも、法則性はあるが、実は歴代の書証にはかなりの多様性も観察できる。

書の作品と位置づけられたものには、書写体（筆写体）と呼ばれる字体が使われることが多かった（江守賢治《えもりけんじ》、財前謙《ざいぜんけん》、大熊肇《おおくまはじめ》ほかに論著がある）。活字によらずに刊行された字典類、たとえば『玉篇《ぎょくへん》』『字彙』『正字通』や、杉本《すぎもと》つとむ編『異体字研究資料集成』に収められた諸資料においても、正しいとされた見出し字の字体がいわゆる康熙字典体とは異なっていることが多いのは、ほぼそのためであったといえる。

6 「甦」——石経の正字、石碑の俗字

『易経《えききょう》』『論語』『尚書《しょうしょ》』など儒教の経典を石碑に彫刻刀で刻むことは、後漢の「熹《き》平石《へいせっ》経《けい》」に始まり、そこには蔡邕《さいよう》の筆とされる隷書が彫り込まれていた。三国時代の魏《ぎ》においては、二四一年に「三体石経」も制定され、洛陽《らくよう》の大学に並び置かれた。これは、隷書のほか古文、篆書が彫られたもので、間もなく破壊され、熹平石経ともにほとんど散逸してしまうのだが、そこにある字が正しくないときに、文字を学ぶ者は音義に詳しい劉芳《りゅうほう》という人に尋ねるようになり、彼は「劉石経」という異称まで得ていたという（『魏書』）。

そのころ、評判のよい詩や賦の作品を求める人々は、前漢代に発明されてから改良が続いて質のよくなった紙を用いた写本から、新たな紙の写本を作り、当時は主に巻子本にして蔵書とした。絹に字を書くことは、少なくとも周代以降行われたが、高級品であるために王侯貴族以外に広まることはなかった。西晋《せいしん》の左思《さし》の「三都賦《さんとのふ》」が「洛陽の紙価を高からしむ」という故事は、その一つの現れであったが、文芸ではなく経学を修めようとする者が石経の字を書き写すことはしばしば行われた。

隷書、とくに古隷がはらい（とくに右はらい）の終筆に波磔《はたく》をもって生じた八分という書

体から楷書が生み出された六朝時代には、戦乱が続いたことも影響し、楷書の字体にバリエーションが多数発生した。楷書の揺籃期《ようらんき》ということもあって、そうした数々の異体字が経書にも満ちていた（顔之推《がんしすい》『顔氏家訓《がんしかくん》』）。もちろん、過去の甲骨や青銅器（鐘鼎）などに記された字にも、バリエーションは相当あったわけだが、強固な規範意識をもってそれらを見つめた人たちの中からは、字書を編む者が現れた。また、顔之推のように書籍に字体の多様化を記述して乱れと見て嘆き、批判するものが現れた。唐の太宗《たいそう》（李世民《りせいみん》）勅命による『五経定本《ごきょう》』のほか、その策定の副産物といえる『顔氏字様《がんしじよう》』（逸書）を編んだ顔師古《しこ》はその孫であり、同書に基づき『干禄字書』を編んだ顔元孫《げんそん》は四世の孫、書家の顔真卿《しんけい》は五世の孫となる。六朝時代には、いくつかの書籍や辞書、石碑などに、

「正字」　バリエーション

繖　↓　傘（象形文字）

蘇　↓　蕪・甦

憂　↓　㥑（憂いは百の念《おも》いとして再構成）

老　↓　夿（老は先の人として再構成）

といった新出の字体が使用され、ときに俗字として指弾され、上の正字を使うように勧められた。「甦」は、更に（ふたたび）生きるという意味によって、作り直された新たな「蘇」の会意文字であり、新興の識字層には理解しやすい要素と構成であったのであろう。

　これらの異体字は、とくに異民族が国家を建てた北方で増加したことが指摘されていた。実際には、言語（外国語、民族語、方言）、地理（南北）の違いのほか、文字使用者の心理（規範意識）、生理（運筆）、物理（紙筆または石と鑿《のみ》）などが関連していたのだろう。北魏《ほくぎ》（後《こう》魏《ぎ》）の時代の四二五年に、太武帝《たいぶてい》が永く楷式（手本）とせよ、と述べて制定したと記録のある「新字」千余字というものは、そうした字体を整理するためのものだったとも推測されている。

　その後も、一時の勢いは鎮まるものの異体字は生産されつづける。秦代以降の石碑の異体字を収集、整理した『偏《へん》類碑別字《るいひべつじ》』『金石異体字典《きんせきいたいじてん》』『六朝別字記《りくちょうべつじき》』『漢魏六朝隋唐五代字形表』などの資料に並べられた「龜」（亀）の異体字の類を見ると、そのバリエーションは一〇〇種類を超えるほどである。当時の識字者たちの運筆の自在さ、美的な

さまざまな「亀」（『偏類碑別字』より）

表現への希求、省略、混淆などがない交ぜとなった、自由な字体の実態を物語っている。とくに複雑な構造をもつ右下の「図」のような箇所は、「目」「飛」などの形に替わることさえあった。これに前後して、華美な漢字がふんだんに用いられた四六駢儷体《しろくべんれいたい》による文章も、実際にはこのような字体を交えて紙などに記されていたのであろう。

7 画数の数えはじめ——書道と漢字

そのころ、一方では漢字を書くことが実用から脱化し、書き上げられる漢字が芸術の域へと高められていくようにもなっていく。南朝梁《りょう》の時代に武帝《ぶてい》が文官の周興嗣《しゅうこうし》に編ませた、字を覚えるための教科書『千字文《せんじもん》』も、もとは先に触れた王羲之の筆跡を模写して作られたものだった。そうした書の芸術性を取り上げて論述する者も現れた。その書論と呼ばれる著述の中には、「一画（不可移）」（晋《しん》・衛恒《えいこう》）、「一点」（南朝宋・虞龢《ぐか》、南朝斉《せい》・王僧虔《おうそうけん》）、「点画」（晋・王羲之。書物では隋末唐初の『古鏡記《こきょうき》』など）といった、漢字の基本点画を指す用語が現れている。「一点一画」という語句も、『顔氏家訓』「書証篇」などで使われている。

漢字の画数を数えるということは、楷書が成立して以降の行為だと考えられ、こうした分析がその萌芽につながった可能性がある。先述した「馬」の誤字も、その先駆といえよう。

女真族《じょしん》が建国した金《きん》においては、十二世紀から、部首を設けたうえで、個々の漢字の部首以外の部分の画数を数え、少ないものから配列する字書も出現した。これが『篇海《へんかい》』『海篇《かいへん》』『字彙』『康熙字典』、そして現行の漢和辞典へと連なっていく。どの筆画を一画と数えるか、そしてどの順番にそれを書いていくかという判断に、絶対的なものは実はない。画数が変われば字体も必ず変わるという考え方、そして画数が何画だと運勢が悪くなるといった信仰は、近代の日本で生み出されたものにすぎない。

漢字の部首という概念は、後漢の許慎《きょしん》の『説文解字《せつもんかいじ》』に体系化されて表れているが、その部首は五四〇部に達する厖大《ぼうだい》なもので、一字しか所属がないような部首もあり、その数には当時の易の陰陽思想が反映しているとも考えられている。『字彙』でやっと二一四部に定まり、今日の漢字辞典では「ッ」部を設けるなど種々の改良が加えられている。さらに「光」のようなものも部首にあってもよいと思われる。

甲骨文字や金文においては、使用する字形を自由にコントロールするような余裕はなかった。しかしそのような時代は、すでに終わっていた。隷書でも、前述のように一つの碑文で同じ字種を複数の字体に書き分ける技巧が見られた。晋代の王羲之は、後に書聖と称されるほど書に優れていたが、「蘭亭序《らんていじょ》」（三五三年）において、「之」を二〇か所すべて異なる崩し字で書いたとその機知と技法が評価されている。王羲之の真跡を偏愛し収集した唐の太宗(前述)の遺言によって「蘭亭序」は自身の陵墓「昭陵《しょうりょう》」に副葬されてしまったと伝えられる。そのため、現在見ることはできず、盗掘を免れていたとしても、西安《せいあん》にある陵墓の中でおそらく朽ちていて現存していないと考えられている。数多くの模写が法帖《ほうじょう》(手本、鑑賞用に模写して刷ったもの)などによって伝えられているだけである。

これは、自然にそのような変化をつけられるテクニックや自在に書ける余裕と能力、資質が讃えられているのであり、修辞法における避板法《ひばんほう》、万葉仮名の字母選択における視覚的なレトリックである変字法《かえじ》の類は、古く字体、字形、書体のレベルでも存在していたといえる。しかし、現在の眼《め》からは、不揃いであるとか、統一ができなかったのか、と見られてしまうことがある。なお、この「之」は、三画と意識されがちであるが、漢和辞典では筆法のほか字源も考慮しているのか、四画とするものが少なくない。

8　糸偏——漢字字書と漢字

漢字に対する学問は漢代より「小学」と呼ばれた。先述したように皇太子らの子のための学校を指す名称から、その教科内容の六芸《りくげい》を指すようになり、その中に「書」があったことからそう呼ばれるようになった。哲学に相当する「大学」の対極をなすものでもあった。訓詁《くんこ》に関する辞書『爾雅《じが》』は周代より存在しており、漢字教科書も前述のとおり同様に編まれた。部首を設けて漢字を分類し配列した字書は、後漢以降に次々と編纂され、籀文《ちゅうぶん》、古文、奇字、或体《わくたい》、俗字などの用語により、書体と字体（古く両者はほとんど不可分の関係にあった）に関する解説も盛んに施されるようになった。

六朝時代には、インドなどの外国語や異民族の言語と接触する中で、漢民族により中国語自身への観察も進み、その発音に関する研究も着手された。そうして発音を示すために編纂された韻書ではあっても、やはり字体に触れないわけにはいかなかった。反切《はんせつ》（たとえば「東《トウ》」を「徳紅切」と「徳《トク》」の頭子音「t」と「紅《コウ》」の頭子音以外のアクセント〔声調〕を含めた発音で示す方法）や直音《ちょくおん》（同音の字で発音を示す方法）によって字音を示すだけでなく、正字、俗字といった区別が注記されることがあったのである。「五代本韻書」（『唐五代切韻《せついん》集存』下）には、「一点一撇《へつ》」（一つの点、一つのはらい）という語も使われている。発音を示す韻書といえども、字体に意識を向けずにいられるはずがなかった。このことは、後に詳しく述べる科挙という役人の登用試験において、大きな意味をもつことになる。

何事においても人間が記憶し、またそれによって類推できる量には限界がある。また人間

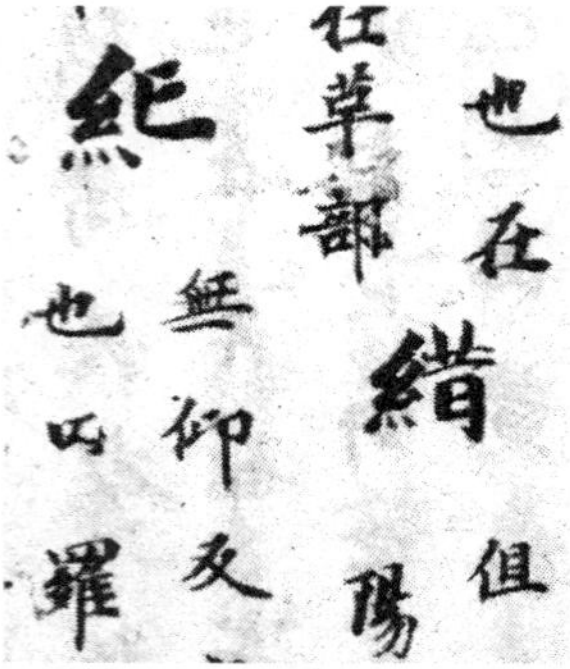

糸偏の下部の点が4つになった例（『原本玉篇残巻』巻二七、唐写本、羅振玉本。前半は高山寺、後半は石山寺蔵本）

は社会性をもつと同時に、一人一人が個性をもっており、同じ知識や技能をもっていたとしてもそれを皆が瞬時に的確に運用できるとも限らない。こうして漢字は時間的な変化と、共時的な変異とを生み出しつづける。そして人間が編む字書であっても、字体をコントロールしきれなかった。

原本系『玉篇』（原本は五四三年成立）の写本残巻においては、糸偏の下部が三つの点で記されている。しかし中には、勢い余って点が一つ増えて、列火のようになってしまった字さえも残されている。その字の意図するところは、糸偏に旁が「亡」で「糸亡」であるようなのだが、この「糸亡」という字体さえ、世界最大の漢和辞典である諸橋轍次《もろはしてつじ》編『大漢和辞典』（大修館書店〔一九四三―二〇〇〇年〕）やそれに匹敵、あるいはそれを凌駕《りょうが》する規模を誇る中国の『漢語大字典』や『中華字海』に収められていない。この漢字は、宋代に勅撰によって字種を増やした『大広益会《だいこうえきかい》玉篇』（宋本『玉篇』。原本の注記は激減している）の「網」に相当するもので、旁の字体も後代に「あみがしら」が加えられて、「罔」となっていた。

糸偏をこのように「糹」と書くのは楷書ではない、という意見が見られる。たしかに行書味を帯びている場合によく見られるが、楷書の字形にも、この形態は多数存在していた。毛筆では、あるいは書道では、こうとしか書かないといった断定もしばしば見受けられるが、毛筆の運筆法に熟達した人や、拓本や版本などを通して書法の多様性をよく認識している人からは、そのような意見は聞かれないという傾向がある。

9 「丶」のもつ意味

漢字に用いられる「丶」には、その機能に差がある。

「刃」（刄）では「刀《は》」の部分を示す記号として、また「捕」では「甫《ほ》」という字を声符として利用したため、つまり字を作製する際の必要から「丶」が用いられたものであり、字源のレベルで生じていた点である。後者の「丶」は省略すると旁などでは「専」などと衝突しうるが、字種や文脈からは区別がなされやすい。

一方で「土」を「圡」「圡」のように書くことが今でも名字などに見られる。これらはヒジなどと読むことがあるが、先に述べたように「土」と同じであり、いずれも互いに異体字の関係にあった。漢代の隷書において、「士」とは長短でしか区別ができないことが負担だと意識されたのであろう。そこで弁別特性（示差的特徴）を際立たせるために、「土」には加点されるようになったと清代より指摘されている。「王」と「玉」も同様であった。

こうした意味や発音に関わる機能をもった「、」とは異なり、「神」「坤《こん》」「卅《そう》」などの右下に、崩し字や楷書で点を打つことがある。これは捨て点、咎《とが》無し点とも呼ばれ、書道の方面では唐代からこの方法についての言及が現れる。補空などと呼び、字体の結構に飾りとしてバランスを与えたり、筆勢を調えたりする役割を果たした。

「歩」は字源からは「歩」という字体をとった。しかし、「少」からの類推も働き、「歩」の字体も中国で古くに生じた。日本では後に、漢字政策において類形を統合することが記憶の負担を軽減すると考え、新字体として採用されたのである。「渉」（渉外、渉《わた》る）も「捗」（進捗、捗《はかど》る）も、この字を旁としたものであるが、日本では現在、一般によく見られる字体の点の数に差が生じているため、点のない「捗」を見出して驚く声も聞かれるが、もとの状況から見れば順当な字体であり、かつ手書きでは「捗」の旁を「歩」のように書いてもなんら問題はない。

ほかには、画数占いによって、一画増やすために加点するケースも、人名や組織名など固有名詞に散見される。日本では、点の少ない「歩」を名前に用いることが認められており、実際に画数を吉とされるものに合わせるために、その字を選ぶ人もいる。この画数占いは昭和に入ってから広まった占いにほかならない。六曜や印鑑の特殊な書体などの流行と併せて考える必要がある。しかし、今では画数占いは姓名学などの呼称を用いて、中国や韓国でも古来の占術のように扱うことが増えてきた。

なお「原」「源」などの「白」の上部の「ノ」ないし「丶」の位置や有無について取り沙《ざ》汰《た》され、論《あげつら》われることがある。この点画は、字源としては「泉」の象形の一部であるため「白」（字源説が多岐にわたる）とは本来的に関連がなく、そもそもあってもなくてもよいくらいの筆画であり「日」と書かれることさえ珍しくなく、過去の筆跡においてはその位置や形態も自由度の高いものであった。「原」は後に、筆記経済からの省略による略字と意識されたり、本家ではなく分家だから点を取ったなどといった意味づけが加えられたり、単なる習慣となって受け継がれたりしたものもある。その有無や形状、位置に着目して誤字と認定する場合には、なんらかの基準をその人が独自に選択したり設定したりしたうえでの評価ということになり、それを説明するための根拠を備えておくことが必要となる。

隋唐代には、書道に関して検討する書論において、「一点一画」（唐・虞世南《ぐせいなん》）、「点画」（唐・孫過庭《そんかてい》）のような語もさらに用いられるようになった。それだけでなく、字体への積極的な加工に対する言及が見られる。「繁則減除、疏当補続」（釈智果「心成頌」）と、空間と筆画のバランスによって略字を生み出したり、点画を補ったりする（前述の補空）ことを説明している。現代まで伝わっている「永字八法」(点画八体。「永」の一字で主な筆画を説明する)も唐代に唱えられはじめたことであった。そこでは、努《ど》すなわち縦画「丨」と趯《てき》すなわち「はね」というようにそれぞれに名称が与えられている(現代中国では、竪〔shu4《シュー》〕、鈎〔gou1《ゴウ》〕)。

古くから楷書の手本とされてきた欧陽詢《おうようじゅん》(五五七—六四一年)やほぼ同年代の虞世南(五五八—六三八年)が書いた唐代の楷書には、「天」を下の横画が長い「天」という字形や「東」を縦画がはねる「東」というような字形が見られる。さらに、「水」の「亅」の部分を「丨」のようにはねない筆跡さえある。こうした筆法は、すでに前代にもあった。欧陽詢、虞世南は、唐朝の太宗が設けた図書を扱う役所である弘文館《こうぶんかん》で「禁中(宮中)の書法」を教えていた二人である。両者の作品にも、「泉」の「水」の部分に、はねる、はねないという類の差異が見出せることも知られている。

なお、「扌」は「手」を偏にする際に一般的に現れる形態である。下部を左上にはねる形が多いのだが、篆書体の段階では直線であり、折れ曲がってもいなかった。もともと手の象形文字で、成り立ちからははねる必然性はなかった。唐代ころの楷書を見ると、はねるものが多いが、はねない字形も見受けられる。自然な運筆や装飾上の要求から、この部分にはねが生じてそれが広まっていく。そうして同様に篆書以前にはねるもととなる曲線を持たず、原理的にははねなくてもよい「木」「禾」などとは異なる傾向をもつように進んでいったのである。「示」「門」も「扌」と同じような経過を辿った。

先の欧陽詢や虞世南に褚遂良《ちょすいりょう》（五九六―六五八年）を加えた初唐の三大家は、時の皇帝、太宗に仕えたり、勅命を奉じて碑文を撰したりしていた。彼らは、書写体と後に呼ばれる、字源説よりも自然で美しい筆法を優先させた字体を書く傾向をもっている。初唐の時代に広まっていた字体で、辞書や字様書《じようしょ》では俗字と称されるものもあった。書写体といってもすべての字に唯一の形が定まっていたわけではなく、自然な筆法に、個々の美的な追究が加わったものであった。美醜・巧拙は、字の形状に関する正誤とは、本来、次元を異にする付加価値である（「当用漢字字体表」を鉄筆で書いた林 大《はやしおおき》も字体と字形のレベルの差についてくり返し述べている）。

このわずか後、六七一年から六七七年にかけて首都の長安《ちょうあん》に設けられた宮廷写経所で書写された宮廷写経が奇跡的に敦煌《とんこう》から発見されている。それらを見ると、

觸（偏の「角」の中央の縦画が下に突きぬけている。觸〔触〕）

扵（於）
寂（最）
事（下部の横画が右に突きぬけない）

など、字源や篆書体に従わない字体も使用されている。一つの経文の中では字体の揺れが少ないが、字体選択には個人差があることが明らかになってきた（石塚晴通《いしづかはるみち》監修、高田智和《たかだともかず》・馬場基《ばばはじめ》・横山詔一《よこやましょういち》編『漢字字体史研究』二、勉誠出版〔二〇一六年〕、三五三頁、三五七頁ほか）。

初唐の三大家に続いて現れた顔真卿（七〇九―七八五年）は、七三七年に科挙に合格して進士《しんし》となり、その後に多くの書の名品を記した。上述のとおり正しい字を追究する顔家の家系にあって、とくに石碑では正字を用いるものだと述べていた『干禄字書』の書写（七七四年。その石碑に墨を付けて紙に写し取った拓本を通じて広く伝播《でんぱ》した）を経て、その正字の使用が増えるなど、使用した字体に変化も見られた。それでも、すべてが正字に変わったわけではない。

なお、彼らの自筆の書作品は、現在あまり残っておらず、石碑やその拓本、法帖などの形で広く世に伝わり、その後の時代の手書き文字のほか、版本や活字の字形にも影響を与えた。

10 政府と漢字

そうした字体の変動に対して、唐代には漢字の形に政治的な統制が加えられるようになる。中国大陸を統治する皇帝は、当然のことながら実名をもっている。しかし漢字で書かれているその名は、諱《いみな》であり、他者が書いたり言ったりするのは忌むべき名であった。その漢字も、すなわち敬して遠ざけるべきものとされ、皇帝本人以外は書いてはいけないものとされていた。文書を記したり写したりする際に、どうしてもその字を書かないといけない場合には、「鏡」を「鑑」に換えるように同じ意味の別の発音の字や、「玄」を「元」に換えるように同じ発音の別の意味の字を当てて用いるといった方法がとられてきた。どうしてもその字を書く必要がある場合に、その最後の一画などを書かないようにする欠筆（欠画）という方法が唐代に開発され、行われはじめた。たとえば「民」を「巳」とし、「玄」を「玄」とする類である。これは、儒教の精神と厳格な政治体制が生み出した異体字の一つであったが、筆記者自身の祖先や親の名前の漢字にまで、このルールが適用されることもあった。

唐王朝を断絶させた史上唯一の女帝、則天武后は、いくつもの新しい字体を作らせたことで知られている。彼女が、あるいは側近たちが作った異体字は、「國」を「圀」とするものなど視覚的にも目立ち、造字法も使用例も印象に残るものであるために、今日でもときおり話題となる。その諱は「照」であったが、みずから「目」「目」「空」を合わせた新しい字体に変えた。「瞾」という新字であったことが同時代の遺物から分かっているが、後代には「瞾」など変わった形で伝わっていった。武后の没した直後に、それらの二〇字前後の則天文字に対して、使用を禁止する勅令が出され、中国では公的な場面でそれを使用する機会は後を絶ったが、いくつかは朝鮮や南詔《なんしょう》（雲南《うんなん》）などの周辺の国家においてしばらく、あるいは日本のように今日まで命脈を保つこととなった。中国では、実際には、則天文字の何十倍、何百倍もある日常の漢字の形のほうが、大きな問題となりつづけたのである。

八六〇年ころに成立した段成式《だんせいしき》の『酉陽雑俎《ゆうようざっそ》』巻五「詭習《きしゅう》」には、大暦《だいれき》年間（七六六—七七九年）のあたりに、右足の指に挟んだ筆で経文を書写する人の話が載っており、そこにはその筆跡について、「書跡官楷」つまり役所で使う楷書のようだと評価する語句が見られる。その当時、すでに公的な楷書体というものが識者の間で意識されるようになっていたのである。

唐代において、時の皇帝による詔勅や、国家公務員採用試験である科挙の筆記試験などの場面では、正しい楷書体の字を用いることとされていたのである。

古くは紀元前三世紀に、始皇帝《しこうてい》が宰相の李斯に作らせた小篆こそが、全国の書体を統一し、広大となった版図を統治するための文書行政を効率化し、円滑にするものであった。先述のとおり、法家であった李斯が、秦の地で使われていた大篆（籀文）系の書体を選ぶように進言したともいわれている。

始皇帝による焚書坑儒《ふんしょこうじゅ》という言論弾圧の政策も、それまでに行われていた種々の異質な書体を滅ぼすことに一定の貢献をしたことであろう。当時はまだ識字層が薄く、また字の形状も曲線的であり、手で書くのにはなおも労力と時間を要した。そして秦の統一後の治世も、始皇帝の死により十年余りで終結してしまう。秦は項羽《こうう》そして劉邦《りゅうほう》によって滅ぼされる命運をたどる。それとともに、小篆は、その点画がより書きやすく変化して生じた実用性の高い隷書へと、その正式な書体としての地位を譲ることになる。

秦代に記された小篆は、残された石碑や分銅、枡《ます》、官印などにより当時の字の姿が伝わっている。盗掘を防ぐために水銀で囲まれた始皇帝陵が今後、発掘調査がなされることがあるならば、当時の篆書が記されたさまざまな副葬品が見つかるかもしれない。

先に触れた、許慎が編んだ『説文解字』は、後漢の時代においては漢字学の奇跡とも讃えうる優れた字書であり研究書であることは間違いない。九三五三種にのぼる漢字を前代の小篆を用いて掲げ、一字ずつその字源を説き、字音や字義などについて説明している。この字書がなかったら、周代以前の漢字に対する研究は、その後、ほとんど進展しなかったはずである。

しかし、この字源説は、殷代の甲骨文字によるそれではなく、すでに変化を経ていた当時の小篆の字形に対するものがほとんどであり、しかもその時代に流行していた五行思想による字解が色濃く反映したものといわれている。

そうした字書を聖典のように扱うことが宋代には起こっていた。その篆書体をもとに楷書体を再構築することが先述のように楷書の成立後に繰り返し行われた。たとえば、「幻」は「予」を回転させた「〓」となってしまう。それだけでなく、自分たちが漢字で文章を書く際にも、『説文解字』に掲げられていない字種は用いないように決めて、そうした字を書く必要に迫られれば、その字書に収められている字に置き換えて書くという独特な規範意識に基づく一種の漢字制限さえも、儒学者、後には考証学者などの一部で行われるようになった。たとえば「韵」（韻）は収められていないので、「均」に換えて「音均《おんいん》」のように用いたのである。似たような例で、篆刻家が印章を彫る際に『説文解字』に見当たらない字については、載っている字に置き換えようとすることがあるのは、実用上の要求にもよるのであろう。日本でも明治維新の後に、「大坂」よりも使用頻度の低かった「大阪」が府の名として選ばれた一因だともいわれている。

この『説文解字』も、当時までのすべての使用字種を網羅したわけではない。そのことは、載せそこねたであろう逸字《いつじ》の収集が後人によって試みられていくことからも明らかであろう。その後に増えた字もあり、宋代にそれらを追加して補おうとして「新附字」を編む者も現れた。実は、字書がその時代に存在するすべての漢字を収録しきったということは、歴史上一度もなかったのである。

後代に、中原の地において口語が文語となり、新たな口語や各地の方言に対しても、漢字表記が行われることが起こる。また、それらの語源を探究する研究が生じた。そこでは「本字」と称するものをやはり『説文解字』などの古い字書や韻書などに探索して、それらしいものを見出し、考証を加えて決定し、復活させて使用するという行為が繰り返されてきた。そうすることで、書籍に残っていた死字が復活することも起きる。漢字の辞書は、たとえ記述を旨としたものであっても聖典（カノン）のように扱われる宿命を負うのである。

漢字の字体における標準と考えられたものをルール化した字体規範は、字様、字様書と呼ばれる書物によって明示されるようになる。

『正名要録』『群書新定字様』『時要字様』などは一部の逸文が伝わるほか、敦煌などで残巻が見つかっている。『分毫《ぶんごう》字様』は逸文が集められ、また同名のものが宋代の『大広益会玉篇』に収められている。そして先に触れた『顔氏字様』、『干禄字書』、そして唐朝から公的な位置づけを得た、役人の張参《ちょうさん》が編んだ『五経文字《ごけいもんじ(もじ)》』（七七六年。これを唐玄度《とうげんど》が補った『新加九経字様《しんかきゅうけいじよう》』は八八三年に成立）がそれを代表するものである。『五経文字』などを追刻し、その方針に基づく「開成《かいせい》石経」（八三七年）は、儒教の経典を刻み込んだもので、六〇万字を超える文字数を誇る。世に示されたこの石経は、作製当初、見物者で賑《にぎ》わったと伝えられ、今でも拓本だけでなく実物が西安の博物館、碑林に残されている（一四五頁の図参照）。そのもとは、長安にあった国子監《こくしかん》（官僚養成学校）の講堂の廊下の壁面に墨で書かれていたという（阿辻哲次《あつじてつじ》『漢字の社会史』吉川弘文館〔二〇一三年〕ほか）。

　字様などの中には、『干禄字書』や『五経文字』のように、紙に転記をして写本が作成されたり、石碑に彫られてそこから拓本にとられたり、後には版木に刻まれて刊行されたりして巷間に広まるものがあった。字様書は、伝来する経典の写本や『説文解字』、『字林《じりん》』といった字書を典拠としたり、篆書体やそれによる字源説に基づくなどして正字を定めようとした（西原一幸《にしはらかずゆき》『字様の研究』勉誠出版〔二〇一五年〕ほか）。そして、正字とする字体から外れるものには、俗、通、訛（譌、誤）などというラベルが貼《は》られることとなった。

　唐の太宗の勅により孔穎達《くようだつ》が編んだ『五経正義《ごきょうせいぎ》』が頒布されたことにより、五経の本文と解釈が定められたのだが、字体についての厳格な規範主義は、唐代の公的な字様書である『五経文字』や『(新加)九経字様』の中に見られ、篆書を理想とする思想に基づこうとするあまり、楷書の筆法としては不自然な字形まで生み出すこともあった。ことに『説文解字』を根拠とするものには、篆書をなるべくそのまま隷定すなわち楷書の筆法に変えた非現実的な、漢字の発展過程の中で存在しなかったような、篆書の形態と楷書の筆法とを織り交ぜようとする形もしきりに掲出された。後代には、「垂」を「𡍮」とするようなこなれない字形を規範意識に沿ったものとして実際に使う人たちも現れる。

このあたりまでの漢字に関わる出来事に関しては、従来、日本語学や漢字研究において個別に語られることがあった。以後では、実際の具体的な事柄に関しては、宮崎市定《みやざきいちさだ》『科挙』(中央公論社〔一九六三年〕)、村上哲見《むらかみてつみ》『科挙の話』(講談社〔一九八〇年〕)、平田昌司《ひらたしょうじ》「科挙制度と中国語史」(『古典学の再構築』七〔二〇〇〇年〕)、張亜群「科挙考試与漢字文化——兼析進士科一枝独秀的原因」(『中国地質大学学報〔社会科学版〕』第九巻第六期、二〇〇九年十一月)などを除くと、ほとんど語られることがなかった科挙と漢字の関係について、それらに学びつつ、現存する「生」の資料までできる限り探索し、読み込むことで明らかとしうるその実態と変遷に関する記述を試みていく。

11　科挙の漢字

規範的、標準的とされる字体は、それらの中においてさえも、ある程度の字形の振幅が暗黙のうちに、あるいは明確に容認されていた。さらにそれらが後代に伝えられていく中で、新たな変動を起こし、その幅を広げることも避けがたかった。

そもそも字様書の中にあっても、典拠や習慣など次元の異なる複数の基準に拠《よ》ることで二つの字体を正しいものと認めることが稀ではなく、さらに異なる字様書の間で、「寂」「爲」などはいかなる字体を正しいものと定めるかの判断が分かれる事態さえも起きている（蔡忠霖「論字書的字形規範及其「弁正」現象」『文与哲』一五期〔二〇〇九年〕など）。このように識者の間においても、正字観というものは一定ではなかったのである。

そして、後代に比較的大きな影響を与えた字様書の『干禄字書』や『五経文字』などであっても、それらを引用する字書、石碑（とその拓本）、諸々の写本やそれらに基づく数々の版本の間で、字体・字形の差が発生することは免れなかった。たとえば、一つの字様書であっても、テキストによって、同じ漢字のとめはねに揺れが生じることがある。「梅」は、「木」ははねるが、旁は「亠」に「母」の右下をはねない、という「梅」が『五経文字』の石経の字形であった。

しかし、後の諸本を見ると、「後知不足斎叢書《そうしょ》」版、文淵閣「四庫全書」本（これはもともと写本として作られている）や日本の江戸時代に印行された官本などを見れば、その「母」の右下ははねている。こうした字形の差が随所に見られたのである。

また、それらの字様書は、公的な字体を一定の枠の中に集約することには成功したものの、民間で字体がその枠を遥かに超えて多様化していく趨勢《すうせい》を完全に抑制することはできなかった。そもそも、規範的な字書・字様書でも、概して現代でいう字形レベルまでは統制を加える狙《ねら》いも必要もなかった。そして、それらを開いて見る者も、その部分に困惑を覚えることはまずなかったのであろう。点画の微細な違いは、もとは字源や筆法などなんらかの理由があったとしても、そのほとんどが個々人の感覚に基づく美醜、巧拙のレベルのものにすぎず、その字（字

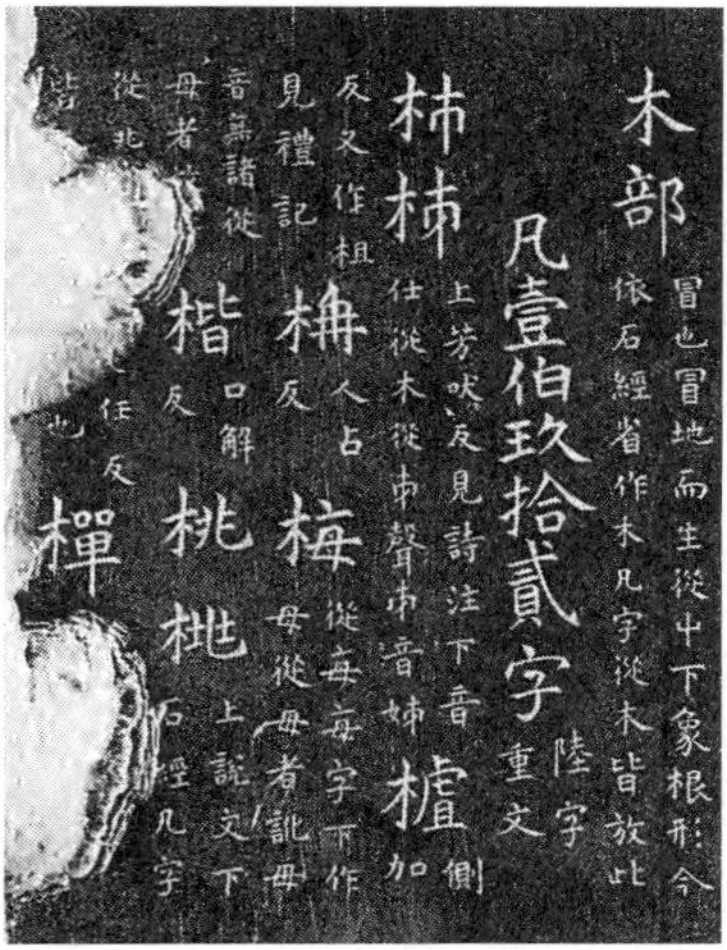

「五経石経」の「梅」（「唐石五経文字九経字様（二）」開成２年〔837年〕８月12日牒。京都大学人文科学研究所蔵）

種)であると抵抗なく認識できるかぎり、通常、文字に対する正誤の判断の焦点とはならなかった。

長い歴史の中においては、そういう同じ字と認識できるにもかかわらず、微細な箇所をとらえて誤りと指弾する厳格な姿勢は、元代《げん》、明代《みん》の文献などにも見受けられたが、それらはまた他の人々から批判も受けたのである（後述）。

中国では、北斉《ほくせい》（五五〇－五七七年）の時代から、図書の管理を行う役所である、秘書省に「正字」と呼ばれる役職の者が四人置かれることとなった。これは、字を正す、すなわち校正の意である。この秘書省の秘書監は、図書寮の長官であった。

天の認める徳を有するとされる皇帝といえども、たった一人で広大な版図を治めることなどできるはずがない。新政を断行しようとしても、その範囲はおのずと限られる。そこで、皇帝の下で政治や行政を務める官吏となる有能な人材を世に広く求めるために、科挙という選抜試験の制度が隋代に始められることとなった。

隋を興した文帝《ぶんてい》は、永らく分裂していた国土の統一を果たした後に、中央集権国家を確固たるものとするために、魏の時代から続いていた、地方長官や世襲貴族の血縁や縁故による推薦という腐敗の避けがたい九品中正制とよばれる人事制度を廃止した。そして、才能を備えた人物を国家公務員として採用するために科挙という試験制度を導入した。進士科、明経《めいけい》科《か》などの六科《りくか》による選挙（選出）ということから、科挙と呼ぶのである。

この科挙では、国民の暮らしに直結した農業、漁業や土木技術、加工技術などの産業、日常生活などの実用的な面は軽視され、主に儒教の経典（後には主に朱子学《しゅしがく》）に関する知識が問われた。そこでは、受験生が答案に書く字にうるさかったというイメージが語られることがしばしばある。それは、実際にはどのようなものだったのだろうか。その実態は、南朝系ではない唐の公用の字体とされたり（府川充男《ふかわみつお》『組版原論』太田出版〔一九九六年〕、二四頁）、詳しくは分からないとされたりしてきた（大熊肇「彫刻文字と手書き文字の書体と字体」『日本語学』三五巻一二〔二〇一六年〕）。ここからは、それを探っていきたい。

『隋書《ずいしょ》』巻九「礼儀志《れいぎし》」や『通典《つてん》』などによると、六世紀後半の北斉では、科挙に先立つ人材登用として、皇帝が親しく臨んで試験が実施された。そこでは、「策」と呼ばれる政策に関する意見を書いた論述文の中で、字に誤脱があったり、書跡が「濫劣」であったりすると、それぞれを席の後ろに立たせ、また墨汁を一升も飲ませるといった罰が設けられていた。一升は当時は数百ミリリットルだったので、文字通りの量を飲まされたのかもしれない。なお「墨水を飲む」という句は、今日の中国では慣用句となっており、辱めのニュアンスはなくなり、勉強をして知識を取り入れるといった意味になっている。

12　唐代の科挙の漢字

律令制を整えた唐朝では、官吏登用の際の人物評価の基準として「身言書判」が重視された。これは宋代初めに廃止されるまで続くが、その後は「言」すなわち話し方は重視されなくなっていき、儒教の知識と詩文を書く能力が測られていく。

「心が正しければ筆も正しい」。「書は人なり」。文人たるものに備わった当然の技量という書道（書法）についての考え方や人間観がそうした古来の文言には投影している。受験生の書には、楷法の遒美《しゅうび》さ（力強い美しさ）が求められた。その筆跡には、進士となった顔元孫が『干禄字書』の冒頭に述べるように、科挙（とくに六科のうち進士科）の答案においては、当然の前提として、正体（正字体）が書けることも条件として含まれていたのであろう。

なお、貴族や秀才を集めた国立の最高学府であり、漢代以来の太学をも組み込んだ国子監に勤める書学博士たる者は、石経（古くは三体石経）、『説文解字』、晋代の『字林』を専業とし、その他の字書にも通じていることが求められたため、小学にも詳しかった。字源の学から正字の学が生まれていたのである。宋の文瑩《ぶんえい》の『玉壺清話《ぎょくこせいわ》』にも、北宋《ほくそう》の陳彭年《ちんほうねん》が『字林』（宋代末ころに逸書となる）などに基づいて、科挙の「字式」を定めたとある。

唐代の大同《だいどう》年間（八〇六―八一〇年）に荊州《けいしゅう》（湖北省《こほく》）という天荒（未開の地）のようなところから受験をしに来た劉蛻《ぜい》がその地ではじめての合格者となり、「破天荒」の語が生まれた。科挙を受ける人の中には、こうした破天荒を願う中国の辺境の人々、さらには朝鮮など外国の人々もいた。陝西《せんせい》や辺境とされた四川《しせん》の出身者を優遇するといった施策も行われることがあった。今日でも、中国では少数民族が大学受験をする際に、優遇措置が取られている。

教育行政と最高等教育を行う国子監の学生たちは、科挙でその力が試され、実際に学習の成果が問われた（『唐六典《とうりくてん》』〔七三八年〕、『五経文字』、『新唐書《しんとうじょ》』「選挙志」、『唐会要《とうかいよう》』、『玉海《ぎょくかい》』、『冊府元亀《さっぷげんき》』など）。七六三年には弘文崇文《すうぶん》二館の学生は試験のときに「楷書字体、皆正様（正しい形）」を身に付けることを皇帝から求められた。正しく書けない者は合格に遠かったのである。

国子監は六学を管轄し、その一つに書学と呼ばれる学校もあり（ほかに私学も作られた）、書学博士が教授に当たったが、その官位自体は、算学と並んで最も低いものであった。漢字の字体や音韻、訓詁に関する学問分野は、古来、経学の一領域として小学と呼ばれてきたことはすでに述べた。小学と呼ばれた学校で、皇太子ら幼童に基礎知識として漢字の成り立ちを教えたことによるものであるために、本格的な哲学や思想、文学といった学問研究への導入的な位置づけがなされていたのである。

「書」に関する学問も、一つの研究をなすまでには見られていなかった。唐代には、六科の中に、書ないし明字（明書）という書や文字学を専門としたと見られる科が設けられ、『説文解字』やその体裁を受け継ぐ字書『字林』に通じていることが試された（『唐六典』、『通典』、『冊府元亀』）。これは、隋代にはまだ始まっていなかったようである（楊学為主編『中国考試史文献集成』高等教育出版社〔二〇〇三年〕ほか）。やはり進士科に比べると、評価は低いものであった。

科挙において、論述、作詩などの書式、形式の基本として、こうしたことを習得し、晴れて合格して、官僚、文人（後代には士大夫《したいふ》）へとなり、公的な字体をみずからも公文書などに再生産していったのである。やがて、進士の栄誉を勝ち取った人々の名は、石碑に刻まれて永くその名を後代に残すようになる。その制度を模倣したベトナムは、その習慣を東アジアの漢字圏で最後まで残した。

中国では、科挙は文字通りの難関であり、試験場である貢院《こういん》では、長年の苛酷《かこく》な準備と、泊まりがけの試験の中で極限状態に陥る受験者も現れたそうで、幽霊と遭遇したという話までいくつも伝えられている。倍率も高く、何回受験しても合格できない人もおり、試験場だけでなく合格発表の場には、騒乱が起きることさえあった。八十三歳になって、やっと科挙に合格して進士の栄誉を勝ち得た人さえもおり、難問とされてきた日本の司法試験もその比ではないことがうかがえよう。

唐代において、策に記した内容が優れているにもかかわらず、書が規範的でないとして危うく不合格とされそうになることが起きた。書の技術が基本的な素養と見なされていたのである。後に詩人として名をなす白楽天《はくらくてん》は、進士科を受験するために、二十歳からは夜になると習字をしつづけた。そのために手や肘《ひじ》に胼胝《たこ》ができ、また飛蚊症《ひぶんしょう》のようにもなってしまったことを、親友への手紙に記している。

当時は、まだ印刷術が発達しておらず、『説文解字』や『字林』といった字書も、人が手で写した写本というかたちで人から人へと伝わっているだけであり、その字形も写本によってばらつきが出ることは避けがたかった。実際には、誤記や誤写がそのまま紙面に残され、それが、意図的なものと認識され、さらに異体字と見なされて他者に影響することもあったに違いない。

写字生たちが写した儒教の経典のテキストが孔子廟《こうしびょう》や各地の学校に配付されたという（『漢字の社会史』）。しかし写本であるからには、経書といえども、先に示した『玉篇』のような誤写も生じていたかもしれない。それに対して、石に刻み込んだ「開成石経」においては、官職にあった写字生たちがそこに記した字体は、ほぼ一つにまとまっている。そこにはばらつきがほとんどないばかりか、判で押したようにほとんどブレのない、ほぼ同一の字形ばかりが書かれていた（石塚晴通編『漢字字体史研究』二、二〇一六年、三七七頁、三八一頁ほか）。これは、石経が経典の定本を示すという目的に加えて、科挙にも利用されることを想定してのことであろう。

唐代の初めに官吏であった顔元孫が著した『干禄字書』は、その書名「禄《ろく》を干《もと》む」のとおり、科挙に合格し仕官することを目指す人々のために編まれた字様書であった。その記述によれば、科挙の問題も答案も、正（字体）で書くこととされた。ただし、実際にどこまでそれが求められたのかは、当時の確かな記録が残っていない。そこでは、著述や碑も「正」（字体）で書くこととされているが、実際のそのころの書籍や石碑を見ると例外もかなり多いことから、科挙でも案外同様だった可能性があるだろう。なお、『干禄字書』には、上奏は「通」（長い間用いられている字体）で、戸籍は「俗」でとあり、その字体選択の場面の寛容さが現れている。

13 宋代の科挙の漢字

繁栄を誇った唐も九〇七年に滅び、五代十国の興亡を経て、九六〇年に宋が建国した。宋代に至ると、科挙の合格者は、官僚、地主、そして文人である読書人、士大夫としての地位を固めるようになる。

科挙は、各地で行う州試・都で行う府試（合わせて郷試《きょうし》）、尚書省《しょうしょしょう》で行う省試、皇帝自ら立ち会う最終段階の殿試《でんし》といった過程も確立した。そしてそれまでに横行していた事前の詩文の売り込み活動（それにさえ、本人の文字との「書体〔筆跡〕不同」が見つかった〔荒木《あらき》敏一《としかず》『宋代科挙制度研究』東洋史研究会、一九六九年〕）などによる不正を防止するために、受験生の氏名や貫籍《かんせき》（本籍）などを隠すことが制度化された。糊名《こめい》と呼ばれる制度で、唐代から見られた方法であった。本名の代わりに『千字文』の中の字に変えたり、その字画を欠いたものにしてみたり、それらを三字組み合わせてみたり（「三不全字」）した。そのように暗号として作られ編号と呼ばれたものの中には、「⿴囗臣」「⿰毛台」のように外部に知られるようになり、字書の載せるところとなったものもある。

さらに、答案の筆跡によって受験した人物を特定して、採点官が情実を加える、ということ（「識認字画之弊」『能改斎漫録《のうかいさいまんろく》』巻一）がなくなるようにと、答案全文を朱色の字で謄録《とうろく》（写し記す）して作り上げた硃巻《しゅかん》を用いて点検、審査を行うようにまでなる。

謄録官が書き写した答案に写し間違いがないかどうか、読み合わせて確認を行う対読官まで配置され、おびただしい数の人員と国家の労力が費やされた。それでも、対読官は脱誤が多く、また南宋《なんそう》のときには謄録所などで、密《ひそ》かに諱の字を答案に書き込むような「改易字画」を行ったり、さらに謄録作りを怠るといった、受験生の刻苦を無にするような役人もいた。

一方で、身代わり受験などが横行したようで、南宋のときには、挙人《きょじん》（郷試に合格した者）の試巻（答案）と姓名などの「字画」の照合が行われた。筆跡鑑定である。

宋代以降、このように科挙制度が厳格化していく中で、科挙における字体・字形に関する規則や記述が具体的に残されるようになる。字体に関する逸話も現れる。南宋の孫奕《そんえき》『履斎《りさい》示児編《しじへん》』巻九に記録された実例を見ておこう。南宋の時代に、「盡」という字を、明らかに字体を異にする草書由来の俗字とされる新しい字体「尽」（後述する『増韻《ぞういん》』には収めず）で漕試（地方での第一段階の試験）の答案に書いたが、湖南《こなん》で首席となった者がいた。それを見とがめた試験官の楊万里《ようばんり》が、これは喧伝《けんでん》されてしまうといって、これを書いた受験者を黜《ちゅつ》した（落とした）。この「尺二先生《せきじせんせい》」（尺二秀才。尽を尺二と分けた）の故事でさえ、採点者が独断で、ぎりぎりの段階で不合格の判断を下したものだった。

女真《じょしん》族が建てた金王朝においても、中国式の科挙が実施された。金や後の清では、女真人、満州《まんしゅう》族に対しては女真語（女真文字）、満州語（満州文字）で科挙を実施したこともあったが、やはり漢字を廃棄することはできなかった。女真文字を制定しながらも、科挙では漢字の書法が重視され、点画偏旁《へんぼう》に微かな誤りがあっても、「雑犯」として罪と扱われた。中国においても、誤字の類は「犯すもの」と見なされるものであった。なお金においては、伝統の束縛が弱かったために、部首画数別の漢字辞典が編まれはじめたことはすでに述べた。

科挙では、漢字の字体・字形に関する評価は、実際には採点者の恣意的《しいてき》な判断が加えられる余地があり、そうでなければ意外に緩やかであった可能性がある。そして、現代の日本と違って、漢字の書き取りや、漢字を示してその読み方を問うような問題は一つも見つからない。そもそも中国では、字体・字形によって不合格になるという話題よりも、実は、答案に関しては、その時代の皇帝や先帝らの避諱《ひき》や、押韻に関する不適確性についての言及が圧倒的に多いのである。諱（実名）の字を用いる罪を犯さないために字の末画などを書かないという欠筆は、誤字とはみなされず、むしろ儒教の精神の体現として、厳守すべき鉄則とされていたのである。

科挙において受験者も審査官も、その字の形に対する関心は、とめはねなどの字形ではなく、字体とくにその王朝を統治してきた歴代の皇帝の諱に対する適切な対処、そして字体が似ている別の字を使ってしまう誤用に集中していた。

諱を犯してしまった答案であっても、現実には、順位を下げるだけで落とさなかったり、皇帝があえて罰することを命令しなかったケースさえもあった。そして、広大な版図をもつ中国では、方言の差が激しかったため（唐代にあってすでに、現在の北京《ペキン》語のように「十《ジオップ》」を「石《ジエック》」、「針《チオム》」を「真《チエン》」のように訛って発音する人もいた）、作詩する際に選んだ漢字で、押韻が規格に合っているかどうかという点に注目が集まっていた。

皇帝の下にある役所の尚書省の中に礼部《れいぶ》という部署があった。唐代の七三六年から、吏部《りぶ》に替わって科挙や教育を所管するようになる（なお、詔勅の立案・起草は、また別の中書省《ちゅうしょしょう》が行っていた）。科挙では作詩も課せられたので、押韻できる漢字の規範（官韻）を明示する必要があった。

『礼部韻略《れいぶいんりゃく》』（一〇三七年）は、丁度《ていたく》らが韻書の『集韻』（のちに改編して字書の『類篇《るいへん》』となる）とともに編纂した勅撰の韻書であり、科挙を受ける者を対象とするものであった。一〇〇七年（景徳《けいとく》四年）に、『広韻《こういん》』と対をなす形で戚倫《せきりん》らが撰した『韻略《いんりゃく》』を修訂したものである。『広韻』を増補改編した『集韻』とともに、科挙の答案のとくに作詩の押韻に対する判定に際して利用された。

この『礼部韻略』には九五九〇字が収められており、実際に押韻の際の手本とされた。韻書による二百六韻という字音のグループを、実用に即して半分程度に統合した平水韻が後のテキストで採用され、さらに広く用いられた。王安石《おうあんせき》が仏教や道教の考え方まで取り入れたという独自の字源解釈（右文説《ゆうぶんせつ》）をもって著した『字説』（一〇八二年）も、合格のために必須《ひっす》の参考書として、受験生によく学ばれるようになった。しかし、旧法党《きゅうほうとう》の司馬光《しばこう》らの猛反撃を受け、『字説』がその後は全く普及しなかったことは、すでに散逸していることからも明らかである。

なお、この王安石には、科挙の合格の報を聞いた妻となる人の親が、喜びに喜びが重なったとして「囍」という字を作ったという類の伝承が中国の民間に見受けられる。これは双喜字、双喜文などと呼ばれ、中国では結婚式などを祝ってよく剪紙《せんし》などで書かれる（ベトナムでもほぼ同様だが、日本では雷文《らいもん》とともに中華料理の器の紋様に、韓国では陶器や寺院などの吉祥紋になっている）。実際には、この紋様は清代、早くても明代以降に現れたものであり、次第に「喜」（xi4《シー》）と同じ音で読まれるようになり、漢字となったものである。

文人の著述の原稿としては、宋代に、司馬光が王安石の新法に反対して官界を退き、執筆に専念した。著書『資治通鑑《しじつがん》』の肉筆原稿がわずかに残され、現代に伝わっている。司馬光は、字を書く際に一字も忽《ゆるが》せにしなかったといわれるが、俗字の類が少なくない。両者とも進士であり、科挙の改革と復古に努めた。中国では、青銅器や石碑などに銘文として鋳込んだり刻み込んだりしないかぎり（それらであっても戦乱、災害、風雪、政治的な圧力などによりしばしば損害を受けた）、後代に自己の筆跡を残すことは難しかった。活字は、北宋の時代に泥を固めて作る者がやっと現れたところである。次の元代までの科挙の答案の実物は、現存していない。

『礼部韻略』は、改訂版が次々と編まれ、刊行されつづけたことにより、中国の各種の古書（『本草《ほんぞう》』、『切韻《せついん》』、『玉篇』など）の例の如《ごと》く、原本は早くに散逸してしまった。完本としては南宋末に増訂された『附釈文互註《ふしゃくもんごちゅう》礼部韻略』が現存する古いものである。科挙やその字体の変遷の実態をうかがううえで重要であるため、テキストごとに追いかけてみよう。「四部叢刊続編」に収められたその版本から見ておこう。そこには、採点基準が記されている。

抹　誤用字　脱三字

點　錯用一字　脱一字　誤一字

それぞれの指すものは他の説明を見ても必ずしも明確ではないが、「錯用」は字を錯《あや》まり用いることであり、「錯写」（同音字による誤記など）のように誤用とは異質の、字の選び方に関することであろう。

これらの違式に関しては、唐代には知貢挙《ちこうきょ》（試験官）の個人的な判断にゆだねられていたようであり、これらに対する記号としては、「抹」は棒を一本引き、「点」（點）は点を打ったと推測され、点が五で抹一に換算され、五抹になれば、合格は難しかったと見られる（『科挙の話』）。誤字は誤用字に比べて五分の一の軽さしかもたず、脱字一字と同様の減点がなされたことがうかがえる。誤字脱字は比較的軽微であったことになる。

韻文を作る際に、官韻として決められたとおりに字を選んで韻を踏んでいなければ、落韻としてそれだけで「不考」すなわち失格、落第となったのであり、実際にその一字によって人生が暗転する悲劇が繰り返された（祝尚書『宋代科挙与文学』中華書局〔二〇〇八年〕など）。そのミスは、規則上、皇帝たちの諱の字（及び同音字）を用いるのと同等の重さをもっていた。ときには、採点官の発音に対する知識不足や韻書の記述の不完全さも、受験生の命運を左右してしまうことがあった。

なお、『宋史《そうし》』「選挙志一」などには、乾徳《けんとく》二年の「諸州貢挙条例（法）及殿罰之式」に「文理紕繆《ひびゅう》者」、「十否」、「九否」という文言が見える。「否」は、「通」ではない、誤り、不審な解答を指す。翌年の知貢挙竇儀《とうぎ》の奏言には、多くの欠陥に混じって、「文字乖舛《かいせん》」（『五《ご》代会要《だいかいよう》』巻二二）つまり文字の誤りが、マイナスの評価を受けることが述べられている。

　ここで誤字とされたものとは、どういうものだったのだろうか。落韻に関しては、ある漢字の雨冠の有無に関して、「誤一字」（同）か「落韻」か、いずれに該当するのかという点が問題視されて起きたトラブル（『桯史《ていし》』巻一〇）など、さまざまな逸話が伝えられる。『礼部韻略』は韻書でありながらも、字体規範の役割も兼ねて果たさざるをえなくなったことが知られている。

「塗注乙」つまり、誤字・脱字・注記・転倒（『南宋館閣録』巻三所収紹興《しょうこう》六年「校讐式」〔「塗注一」に作る本が多いが「一」は同音の「乙」に通じて用いられる〕、蔣元卿『校讐学史《こうしゅうがくし》』商務院書館〔一九三五年〕など）などの答案での訂正は、その数が多ければ失格とされるとも記されている。墨で書くために、試験場で誤字を白紙の状態に戻すことは困難なのであった。

　そうした刻苦精励の結果が詰まった解答用紙であるにもかかわらず、宋代の解試《かいし》（州試）では、採点すべき答案があまりに多いために、怠けてほとんどの答案に点も抹も加えずに適当に処理して済ませた採点官まで見つかっている。

これらの誤記については、まずは受験者がみずから認識して記号を付して訂正した字数を書式に従って答案の末尾に記入することが（少なくとも清末には）あった。宋代の殿試では初考官が朱筆（墨筆とも）で、覆考官が墨筆で評定した等級を書き入れ、その試巻の下に「点抹」の字数と誤書の字数を付記したという。

この「塗注乙」という語は、唐代にすでにあったとされ、『附釈文互註礼部韻略』のほかに、やはり宋代の『履斎示児編』（「今進士書試巻末云」）や『玉海』、『金史《きんし》』（「字之誤」）、『元《げん》史《し》』などに見られる。「塗乙」は、宋以降、科挙以外の場面ですでに使われていた（清代の『古今通韻《ここんつういん》』には「今試士作塗抹添註要即、黈之遺也」とある。「黈《ちゅ》」も点の意）。『大漢和辞典』に「塗乚」（トチュ）という熟語が載り、「唐試士式」から「塗幾字」（抹去譌字）を引く。「乚」は脱字に記すものとする。「唐試士式」は、明代の状元で漢字に精《くわ》しい楊《よう》慎《しん》の著書などに見られるもので、孫引きなのであろう。『漢語大詞典』も「塗乙」は宋代以降の例を引くのみである。

『礼部韻略』は、受験生たちのニーズに応《こた》えて次々と版を重ねていく中で、版木が刷るたびに劣化する。したがって内容に変更がなくても彫り直しを余儀なくされる。そのたびに筆耕や彫り師の交替も加わって、字形、字体にも変化が起きたことは、それらの修訂版の序文などで、たびたび指摘されてきたとおりであり、この本に限ったことではない。

『宋本礼部韻略』「続古逸叢書」本は、拠宋紹定本影印とあり、これは宋版の影印本である。「四部叢刊」本とともに南宋の理宗《りそう》期（一二二四－六四年）の刊本とされるが、これは条式を載せていた可能性がある巻五は残念なことに散逸してしまっている。誤字の類に対しては基本的に他の版本と同じ内容が記されている。

これらに先だって刊行されていたのは、『真福寺《しんぷくじ》善本集影』に収められている十一世紀末の『礼部韻略』宋版（元祐定本）である。その伝存する巻五について、景祐《けいゆう》四年（一〇三七年）の勅牒《ちょくちょう》、条式の中の、

點　錯用字　脫一字　賦少一字　論少四字

という部分が撮影されている。こうした決まりは、次々と改訂、追補がなされていった。

その前の部分については、水谷誠《みずたにまこと》「真福寺本『禮部韻略』について」（『創価大学人文論集』一一、一九九九年）に翻刻されており、今そこから引いてみよう。

三点当一抹。三抹及九点准格落。
塗注乙字並須巻後計数不得揩洗。毎場一巻内、塗注乙三字以上為一点。九字以上為一抹。

そして先の条式の「程試格式」には、以下の項目が先行していた（抜粋）。

抹　誤用事　　脱三字（謂詩賦不該用韻及平側処）
　　文義不与題相類　　誤写官題（須是文理無失但筆誤者）

ここから、この北宋の時代には、三つの「点」が一つの「抹」に相当していたこと、誤字・脱字・転倒の類は、三字以上で一「点」とされたこと（『宋会要輯稿《そうかいようしゅうこう》』仁宗宝元《じんそうほうげん》二年〔一〇三九年〕十一月四日の条、直賢院王皡の上言にも、同様の記述が見られる）、そして「誤用字」ではなく「誤用事」だったこと（同書などにも見られる）がうかがえる。

なお、国子監の刊行物であっても、「字体不全」のものがあったことは、一〇二一年に劉崇超が指摘しているとおりである。字の中で月（肉月）と月（舟月）、「日」と「曰」など、「正形」の区別が俗に流れて失われており、『五経文字』『（新加）九経字様』のようなものを編んで学校に配るようにとの上奏（一一一八年）もなされた。礼部貢院では「開成石経」も見るように、とも述べている（『宋会要輯稿』、『中国古籍版刻図志』など）。『礼部韻略』を受け継いだ郭守正《かくしゅせい》『紫云先生増修校正押韻釈義』巻首にある「校正条例」（宋・理宗年間建陽刻本）には、「字画以有篆文者為正」と、篆書を基準に据える姿勢が示されている。その一方で、相当数の異体字なども追加されているとされ、どの韻書を入手するかで、受験生の字の形に関する知識はある程度変動したことであろう（李子君『《増修互注礼部韻略》研究』社会科学文献出版社、二〇一三年、第二次印刷）。宋代に編纂された科挙受験のための参考書『古文真宝《こぶんしんぽう》』『文章軌範《ぶんしょうきはん》』の版本にも、さまざまな異体字が用いられていた。宋版の字体には『五経文字』の流れが見られる一方で、さまざまな書風とともに独特な字体も刻まれた。通俗小説などには新たな俗字体まで彫りこまれ、後の簡体字運動に影響を与えることになる。

14　元代の科挙の漢字

女真族に宋の北部の領土を奪われて南宋を建てて命脈を保っていた漢民族の皇帝も、やがてモンゴル人の襲来によって断絶する。

モンゴル人が支配した元王朝（一二七一―一三六八年）でも、しばらくの中断を経て、色目人《しきもくじん》は作文の字数を半減するなど優遇策を取りつつ、科挙が実施されることとなった。パスパ文字を制定しても、科挙は従来の漢字によって再開されたのであり、中国文明の根の深さをここにも見出すことができよう。それは先述のとおり、後の満州文字を公的に用いていた清朝でも同様であった。

当代の法令文書を集めた『通制条格《つうせいじょうかく》』にも、「塗注乙」など、先に引いた科挙における規定の文言と同様の記述がある。また、「郷・会等の試では、礼部韻略を将《もち》いることを許す外、余は並《けっ》して文字を懐挟することは許さない」、「試巻で考格しないものは、……塗・注・乙が五十字以上のものである」（小林高四郎・岡本敬二編『通制條格の研究訳注』一、中国刑法志研究会〔一九六四年〕）。『礼部韻略』以外は、持ち込みがないかチェックされたのである。

ここで、元末の一三五五年（至正《しせい》十五年）に刊行された『礼部韻略』を見ていこう。南宋の毛晃《もうこう》・毛居正《きょせい》親子が増注した『増修互註礼部韻略』（「天理《てんり》図書館善本叢書」）は、『増韻』と略称され、後代の勅撰の韻書『洪武《こうぶ》正韻』にも影響を与えた。その巻頭には、一一六二年（紹興三十二年）に毛晃（一一五一年の進士で、『礼部監韻』の増訂に従事。戸部尚書になった）が記した「上表」を載せる。

そこでは、「魯魚《ろぎょ》」の誤りすなわち形が似た別の字を誤って用いることについて述べ、「点画偏旁尤《もっと》も訛舛《かせん》多し」という。「番」の「釆」を「米」、「富」を「冨」とする類は「俗所常用、其失未遠」、つまり俗に常用されるが、その過ちはへだたりが大きくないとするが、「母」と「毋」、「本」と「夲」、「戊」と「戌」の類は意味が別になってしまうと指摘し、両者の間を区別する。

また「筆画有害於義者悉正之」つまり筆画が字義をそこなうものはすべて正すと述べ、監本（国子監で刊行した書籍）で別字になってしまっていた誤字を訂正している。

そして、経書や史書を写したり石碑を彫るときと違って、官庁の文書や科挙の試験場などでの短い時間の筆記では、俗書（俗字）もいたしかたないとして、

東→東
俞→兪
宐→宜
州→州
羽→羽
畱→留

の類を試験官や受験者に惑いがないように、そうした俗字の例として挙げ、同じものとして容認する姿勢を示している。ただし、「東」は版面で字形の違いが判然としなくなってしまっている。

このように、宋代の方針を引き継ごうとしている。韻書とは言っても、漢字を掲出する以上は字体や字形についてなおざりにはできず、なんらかの基準を示さないわけにはいかない。受験者にも、当然そういう眼でも本書を見て、また音を示すだけのはずはない、と期待して使う者はいたであろう。しかし、少なくともこの版では、例として挙げた字形の違いをきちんと印刷できてはいない。むしろ、意味に関わることのない字形の差は、多くの役人が受験者の資質や努力を疑う対象とは見なしておらず、また「誤」ではなく「俗」という異なるレベルとして判断していたという実態がうかがえる。

このように、ある程度の形の揺れについては、その差が意識され、慣習性があるようなものは俗字と見なされて看過され、別字になってしまうもの、つまりほかの字義・字音をもつ字とバッティングしてしまう誤用の場合は誤りとなる、と判断されていたのである。

本文に目を移すと、字によっては一定の字体しか認めない姿勢もうかがえる。

達　「幸」に従った「達」は、唐人の楷書にはしばしば見られたものだが、ここでは誤った形とされて正されている。

券　かつての公式版の監本『礼部韻略』が「券」（下が「力」）と掲げていたのは誤りと指摘して正しい形へと直している。ほとんど使われない別の字となってしまっていたのである。

そして、ときには細かい形にこだわりを発揮することもある。

「朔」（朝）は「月に従うのは誤」とする。黒地に白字で「今正」（今正す）とある。「朋」は「朋」と「斜書」する。

「吉」に対して、「吉」は音がカク（確）であるとし、この本は、この二つの字形を別々の字とするものの、「吉」のほうは立項していない。「告」（カクの音ももつ）「昏」（カツ）（ふさぐ）あたりから生じた俗説であろうが、後代の一部の人々に影響を及ぼした。

こうしたものがあるのだが、概して字形の細部については、大らかな態度を示している。

木　「俗に木に作る」（縦画をはねる）と明記する。「俗」は前述のように、「誤」とは規範意識のレベルが異なっていた。

良　一画目を「丶」「ノ」「㇀」と三通りの形で使っている。

才　見出しでは縦画をはねないが、注でははねている。

南　隣の丁（ページ）では、同じ見出しでありながら「南」と書いている。

采　本文では「采」としており、筆法が統一されておらず、むしろどちらでもよいことが暗示されている。

しんにょうは、点が二つで揺する形（辶）で一貫し、それぞれの字の中でも統一されている。「扌」ははねない形で一貫している。「逝」「撻」などの字では、それらが合わさって印刷されている。これらは、現実的には点が少なくても、はねてもかまわなかったのであろう。

ほかにも、この韻書では、字形の細部の誤植や、基準のぶれ、適用の不徹底、判断の矛盾、印刷結果の不統一が散見され、一部の受験生は困惑したであろうことが想像できる。版下書き（筆耕）や彫り師が十分に筆者の意図を解せなかったという社会的な状況や、校正が十分には行えなかったという内情もうかがえる。

羽「俗作羽」下の字は右下がはねていないようにも見えるが、同じにも見える。その下に、「漢志羽字也」とある。随所で字形がコントロールできていないことで、逆にどちらでもよいというメッセージを得た受験生もいたことであろう。

介「俗作尓、亦作爾」と、「尓」「爾」ではなく「从入从小」というので、実際には「尒」という形を示そうとしたのであろう。「監本作尒誤」（監本が尒と書くのは誤）とする。ここには「今正」の白字を入れる。一方で、俗字とされる字体を優先させることもあった。たとえば「賓」はなく、「賔」のみを掲げている。

国「國」の注では「俗作」とするが、他の字の注の中では「くにがまえ」に「玉」ではなく「王」のこの字体を使っており、ここでいう「俗」は、科挙で書いても減点の対象になるほどではなかったであろう状況が垣間見える。

版の異なる『増修互註礼部韻略』（博文書堂版など。いずれも内閣文庫蔵）にも、「擬進増修互註礼部韻略表」（紹興三十二年、毛晃上表）が収められている。ここでも、そのスタンスを維持しており、やはり字形は微差の発生を免れないが、字種の区別に関わるような部分については、微細な差でも着目すべきことを述べている。漢字の本質に根ざした意見である。

『文場備用排字礼部韻註』（元の元統《げんとう》三年呂氏会文堂刊本。内閣文庫蔵）は、「考試程式」（程式は決まりのこと）を載せ、ここでも「塗注乙」がなされることが記されている。「文場備用礼部韻註分毫点画正誤字様」には、「尒」（爾）を認める一方で、「尒」を「非」とする。中央の「丷」が横画を突きぬける「喜」（喜）も「非」、横画の長さが異なる「君」（君）も非、「帝」に対して「帝字非」（偏傍〔旁〕も同じ）とする。「釣」に対しては「釣字非」、「達」に対しては「達字非」（偏傍も同じ）とする。ほかにも、単字を示して偏旁などでも同様だとする挙例がなされる。

そして、ここでは「耳」に対する「耳」を「非」とする。あるいは、その中での二本の横画の右の縦画への接触・非接触も関わるかもしれないが、字形に着目したポイントがはっきりしない。

このように本書の基準は、比較的厳しいのだが、これはそもそも公的な刊本ではない。また「別」の字の形など、版本の状況から意図した字形が読み取れないケースが少なくない。

南宋時代に、国子監で印刷されて試験場で配付されたという『礼部韻略』や、場内への持ち込み可とされたその他の版本、さらには「紹興勅令格式」にあってさえも、こうした字体・字形の揺れが存在しており、何を基準として認め、どこまでを採点官たちが正解と見なしたのかは判然としない。民間での受験対策の刊行物もまた汗牛充棟と形容されるほど乱立する中で、版本ごとに統一が見られない字形レベルの揺れについて、いずれかを標準と見なして他を誤りだと認定することは現実的には困難だったに違いない。

この前には、「避諱」、これに続けて、「訛字」、「字当避俗」（俗を避けるべき字）、「字当従正」（正に従うべき字）、「字之所从」（从は従、字の従うところ）などの項を設けて、類形異字や俗字の類を示す。「非」とする「喜」が本文では見出しに用いられているなど、本文と字形を異にするものもあり、一部で混乱を呈してしまっている。

元刊とされる『新刊韻略』（「続修四庫全書」第二五〇冊）には、「壬子新増分毫點畫（点画）正誤字」として、「君字非」（君）「絲　絲小字非」「閑字非」（閑）「嘉字非」（嘉）「然字非」（然）「耳字非」（耳）「改字非」（改）「帝字非」（帝）「釣字非」（釣）「閏字非」（閏）「別字非」（別）と、のきなみ厳格な態度を示す。

しかし、他方では、「尒」を正字と見なし、「鎖」「瑣」は右上の「ソ・ハ」の形が不統一となっている。

「字当避俗」「字当従正」の項目のほか、「字之所从」を立て、「吉」を正字とする。そこで、「亰」は「从木非」とするのは『説文解字』の篆文（朩）に基づくのであろう。「字之所非」（字の非とするところ）では、「沆」（沈）に対して「沆」を「非」とした。

このころ、都にある石経やその拓本を見られない僻地《へきち》の受験生や、国子監でじかに学ぶことができない受験生は、やはりこうした流布する版本の印刷面を眺め、また何冊かを見比べ、あるいは左右の頁を眺めて困惑したか、あるいは逆に気にしなくてよいレベルのあることを悟って安心したか、どちらかだったことであろう。なお、別の字にならないかぎり、とめはねなどの細部については試験の答案にどう書いてあっても、正解と見るべきだ、という意見を漢字研究者の藤堂明保《とうどうあきやす》が唱えていた由を、中国文学者の松浦友久《まつうらともひさ》がかつて講義で賛同しつつ語っていた。これが中国における伝統的な考え方であったのだろう。

ここで、視座を変えて、宋代に民間で編纂された陳元靚《ちんげんせい》等編『新編纂図増類群書類要事林《じりん》広記《こうき》』という類書すなわち百科事典の内閣文庫所蔵の元刊本なども当たっておこう。後集巻六「学校類」には、科挙の答案を朱筆で謄録すること、『礼部韻略』の持ち込みだけは認めること（『文献通考《ぶんけんつうこう》』巻三十「選挙考三」などによると、宋代には、初め『切韻』『玉篇』の持ち込みが許されており、それ以外の本を持ち込むと受験資格をしばらく失うことになっていた）、「塗注乙」が五十字以上あるものは不合格とするといった決まりごとなどが記されている（「元代の社會と文化」研究班「『事林廣記』學校類（二）・家禮類（一）譯注」『東方學報』七七〔二〇〇五年〕参照）。

その巻九（元至順年間建安椿荘書院刻本、中華書局、一九六三年影印、元泰定本、一六九九年和刻本、内閣文庫蔵）「幼学類」にも、先の「字当避俗」「字当従正」「字之所従」「字之所非」「訛字」の類がまとめて掲げられており、こうした科挙の漢字に関する情報の広まりに加えて、その版面には字形の揺れが避けられないという現実もうかがえるのである。

15　明代の科挙と漢字

中国では、書籍は楷書で印刷されることが多かった。通俗小説など大衆向けの書物は、俗字や行書を交えて版刻された。序跋《じょばつ》には草書も見られたが、日本の版本よりは少ない。書体字典は、篆書の類、隷書については宋代から、草書については清代に『草字彙《そうじい》』が、楷書についても同じく『楷法溯源《かいほうそげん》』が編まれるなどしたが、むしろ日本で『草露貫珠《そうろかんじゅ》』『行書類纂《ぎょうしょるいさん》』『楷法弁体《かいほうべんたい》』など、書体ごとに多くの字典が編まれるようになる。

そうした中で、『三字経《さんじきょう》』『千字文』『百家姓《ひゃっかせい》』など識字のための入門書に記された楷書の字体は、識字層に早い段階で基礎的な面で影響を与えたことであろう。

明朝体は、その名のとおり明代において通俗書を好む読者層の拡大に伴い、版本を大量生産するために製作過程を分業化したことから起こった印刷用の書体である。清代に実際に版木に点画を流れ作業で彫っていたという記録もある。印刷物の中で楷書体とは別種のデザイン性を帯びていき、見るための文字として今に至るまで継承され、発展を続けている。毛筆で書きやすさを求めて変化してきた字形を、彫りやすさを優先させて正方形の枠の中で幾何学的に様式化していったのである。デザインをすっきりさせる一方で、筆字をさらにこってりとさせた部位も生じ、横画を直線化して右端にウロコ（▲）を設けるといった約束事も定まり、読みやすい形となっていった。

ここまでたびたび触れてきたとおり、「しんにょう（しんにゅう）」の形態には、さまざまなものが行われてきた。手書きの楷書では点を一つ書いて下部を揺する形（⻌）が優勢だったものの、それ以外のさまざまな形も石碑や法帖、肉筆文書などに残されていることを看過してはならない。点二つで下部を揺する形も、石碑のほかに肉筆や版本に実はしばしば見られ、そうした緩やかだった意識と種々の字形の存在に基づき、現代の私たちもさまざまな書き方を広く受け入れる必要がある。

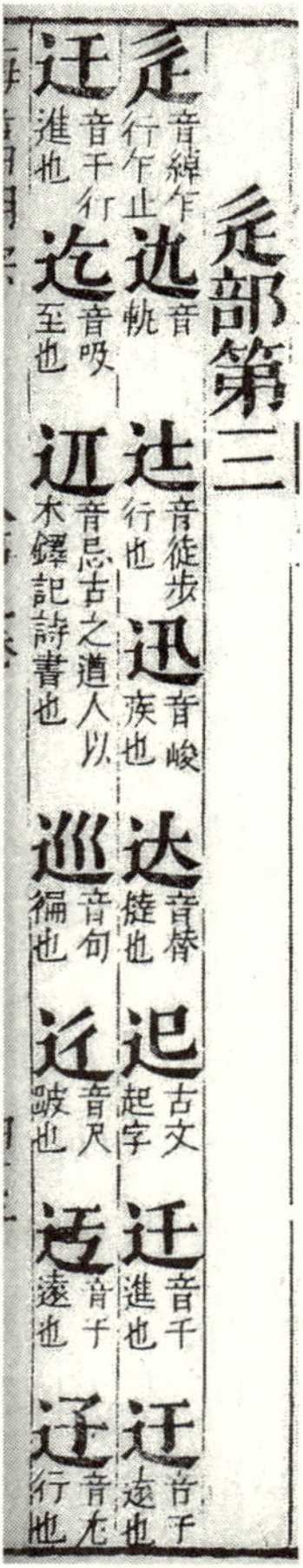

万暦ころの陳仁錫閲・譚元春訂『陳明卿太史考古詳訂遵韻海篇朝宗』

点が２つで揺する形の「しんにょう」（宋版『昌黎先生集』『中華典籍聚珍』）

清末『歴代帝王統系大略』（『中国活字本図録・清代民国巻』）

明朝体では、「しんにょう」は「辶」のように点が二つで揺すらないものだった、としばしば言われるが、実際にはそれほど単純なものではなく、点一つで揺すらない形も、明朝体が成立して間もない時期からときおり見受けられた。『海篇』類にも見受けられ、日本でも戦前から漢字施策案などで活字が作られていた。『海篇』類は、俗字書とはいえすでに五万を超える字種を収め、当時からしばらくは多くの利用者に迎えられた。なお、辞書は筆字で書かれ、やがてそれに従って筆耕が記し版木に彫られたものだが、金代の字書『篇海』の類を継いだ『海篇』あたり、そしてその影響を受けた『字彙』、『正字通』、『康熙字典』などの字書が明朝体かそれに近い書体で版刻、刊行されるようになった。活字を組んで字書が印刷されたのは清朝末期からのことである。

「しんにょう」にこうしたバリエーションが生まれるのは、もとは「辵」のような形であり、それが多用される中で煩に耐えかねて崩され、また整えられていったことによる。その形は複雑な字形に関わった人々の情と筆勢によるものである。歴代の楷書や活字は、多かれ少なかれ同時代、そして後代に影響を与え、積極的に手本とする人さえもあったのであり、こうした字形を手書きで使う人も現れた。

唐代の『孟東野《もうとうや》詩集《ししゅう》』の嘉靖三十五年（一五五六年）刻本では、木偏や立刀（刂）、行人偏（彳）ははねるが、「扌」ははねない（先述の『増韻』も一貫してはねない）。過去の石碑などにもはねない扌はあり、さらに隋の「美人董氏《びじんとうし》墓誌銘《ぼしめい》」（拓本が残る）では、手偏をはねたりは

列女操
梧桐相待老鴛鴦會雙死貞婦貴徇夫捨

はねない手偏やはねる木偏が見られる（『浙江大学国家珍貴古籍名録図録』）

ねなかったりしている（しんにょうも点一つで揺すったり点二つで揺すったりと自在であった）。日本でも、宮沢賢治《みやざわけんじ》など手偏や立刀をはねないで書く人がいた。はねて書くこともあり、急いでいるときや万年筆を使うときなど、条件に左右されることがある。高村光太郎の原稿には、楷書で「扌」や「事」などをはねたりはねなかったりしている（保昌正夫監修、青木正美《あおきまさみ》収集・解説『近代詩人・歌人自筆原稿集』東京堂出版〔二〇〇二年〕）。

漢民族の朱元璋《しゅげんしょう》（太祖《たいそ》、洪武帝《こうぶてい》）が皇帝の座を元から奪い返して建国した明王朝では、科挙において、宋代の「三館楷書」（沈括《しんかつ》『夢渓筆談《むけいひつだん》』「三館楷法」）の流れを汲《く》む「台閣体《だいかくたい》」などと呼ばれる整った書風の楷書で答案を記すことが求められるようになった。

書を愛好した明の成祖《せいそ》（永楽帝《えいらくてい》）が、詔書や文書を翰林院《かんりんいん》に属する中書舎人《ちゅうしょしゃじん》である能筆の者に書かせるようにした。なかでも晋、唐の小楷《しょうかい》（細楷）とくに虞世南の楷書を基礎とする沈度《しんど》の端整な書を好み、その風潮は一般にも広まりを見せた（鄭広栄「「台閣体」と「館閣《かんかく》体《たい》」」『人民中国』五〔一九七九年〕など）。その前の元代の奔放な書の隆盛や、科挙の衰微に対する反動とも考えられている。

台閣は、尚書省や朝廷を指し、台閣体は詩体の称呼ともなったが、その作が気迫に欠けたのと同様に、書としても後に蔑称《べっしょう》となる。この時期の科挙において謄録が行われない最初の試験と最後の試験段階では、筆跡の美醜や巧拙もまた評価の対象とされ、祝允明《しゅくいんめい》や文徴《ぶんちょう》明《めい》らが現れるまで台閣体は流行した。彼らは科挙に落第しつづけたのだが、呉《ご》県（江蘇《こうそ》省）出身の唐寅《とういん》は地域の試験で、三年に一度行われる郷試に首席（解元《かいげん》）で合格し、唐解元と称賛された。しかし、会試においてカンニング行為といわれる事件に連座してしまったために、官職を諦《あきら》めて自作の自在な書や画を売ることとなった。すると人気を博し、それによって生計を立て、名を残した。

台閣体は、通行の木版印刷のような、より没個性な書となっていくが、これを書けることが答案に要求されたために、受験生も苦労をした。明代末期に活躍した文人画家で、書家としても名をなした董其昌《とうきしょう》も、少年期に受けた科挙で、書が拙《つたな》いとされたために郡主によって第二位に落とされてしまった（中田勇次郎《なかだゆうじろう》「董其昌の書論」『大手前《おおてまえ》女子大学論集』六、一九七二年）。そこで発奮して書の研鑽《けんさん》を始めたと自ら述べている（『画禅室随筆』巻一）。書家として一家をなした傅山《ふざん》は、明経科に及第したが、明王朝が滅びると医者となって暮らし、その書は独自の自由な境地に達している。こうした規範とは別のものとして、個性ある書は余技としてありつづけるしかなかった。

科挙の最終段階として皇帝みずからが大臣臨席のもと実施する殿試は、北宋のときから制度化されており、次第に合格者に対して皇帝が順位を定めて与える機会になっていった。

明代の一四二四年の殿試では、「孫日恭」が状元《じょうげん》（首席）となる運びだったが、成祖は名前の「日恭」の二字をつなげると「暴」の字となり不吉だとして、邢寛《けいかん》（刑寛〔刑罰が寛大〕に発音が通じる）という者を状元に替えたと伝えられる。「恭」の下心と「暴」の下水とでは「⺗」と「氺」とで字体が異なるが、そういう天子の勝手で気まぐれな判断が科挙に持ち込まれたのである。異体字としてそのような混同、通用はあったわけだが、科挙の答案に当人はそういう異体字はあえて書かないようにしていたことであろう。不条理な判断に対する孫日恭の無念がしのばれる。こうした皇帝の恣意的な順位付けは、字の形よりも発音によるものがより多く伝えられている。

北宋の仁宗は、状元となる趙旭の答案に「唯」の口偏を「厶」と書いたものを見つけ、通用するという説明に対して類推できない字が多いと叱正して落第にしたというシーンが、明末の小説『喩世明言《ゆせいめいげん》』にある（『唐闕史《とうけつし》』などにヒントとなるような話が載る）。「船」を「舩」、「松」を「枀」と書くようなことがしばしばあり、俗間では口偏を「厶」と書くことも起きていたことから生まれた物語で、科挙での漢字に対する当時の厳密なはずだというイメージをうかがうことができよう。

明代以降には、実際に科挙の試験場で記された答案が残されている。明代に記された現存唯一（『中国考試史文献集成』図片など）の答案の実物は、万暦《ばんれき》二十六年（一五九八年）に状元となった趙秉忠《ちょうへいちゅう》の殿試試巻である。書の面でも優等生だったようで、文字通りの「圧巻」といえるだろう。そこには、字形、字体に注目すべきものが数多く見出せる。抜き出してみると、筆法レベルでは、次のような異体字も使われていた。「耳」もこの形でよかったのだ。

天　約　令　喩　耳

このほか、点画の数が増減した、

出（出）　具（具）　淨（浄〔淨〕）　私（私）　綿（緯）　偹（備）　滲（滲）

渊（淵）　間（閒）

これらにも、とくに減点がなされた跡はない。

この答案で使用している「間」は、『増韻』では「閒」でなければ誤りとされていた。「達」も同様に「達」でなければならないとされていたが、ここに用いられている。「疆」は、字書に拠れば文脈上必要となる「土」を伴う「疆」と書いていない（通用すると見なされた可能性がある）。文章形式を重んじる漢詩や天下国家を語らなければならない八股文《はっこぶん》の類の上達に腐心する一方で、こうした点は基礎的で瑣末《さまつ》な事柄で、この程度の揺れがあるのは常識であるととらえられていたのであろう。

「明神宗贈豊太閤書《みんのしんそうほうたいこうにおくるしょ》」は、一五九五年（万暦二十三年〔文禄《ぶんろく》四年〕）に明の神宗が豊臣秀吉《とよとみひでよし》に宛《あ》てた勅諭である。こうした文書も科挙に合格した役人が清書したものであるはずだが、そこには、正字とされる「爲」ではなく、「為」という俗字体の使用があるなど、書写体の流れの中にあるものの、やはり字体には揺れも見られる。

16　清代の科挙と漢字

満州族が一六一六年に建国した清朝では、中国語とは系統を異にする満州語と、フェニキア文字の末裔《まつえい》の一つであるウイグル文字の系統にあるモンゴル文字を改良して作った満州文字が当初、公的な場面でよく使用された。しかし、北京に入城し、多数の漢民族を支配する中で、次第に政府内でも漢語と漢字が多用されるようになっていく。広大な国土を統治するために科挙も継承され、通常そこではやはり漢字が使用された。

清代には、科挙の答案用紙に書き込まれた「小楷」と呼ばれる小さく端正な楷書体の字が評価の対象とされた。科挙の予備試験となっていた学校試の段階でも、筆跡が乱れて見にくいと、落第とされることさえもあった（宮崎市定『科挙』）。

先帝の名などを記すために改行するときに行末が空白になってしまうと見た目がよくない。そうならないように答案の字数を揃えようとして「也」「矣」などのいわゆる虚字を用いて埋める（これを「徹底」という。宮崎市定『科挙史』平凡社〔一九八七年〕）といった帳尻合わせのための小手先の受験テクニックも生み出されていた。

『附釈文互註礼部韻略』（早稲田大学蔵、重慶《じゅうけい》の川東官舎、光緒《こうしょ》二年〔一八七六年〕楝亭《れんてい》本の重刊）には、「今具校正条例」として、「監本字画以有篆文者」を「正」となす。世俗では省略した形が喜ばれるが、蔵書の国子監刊行本に伝写による誤りもあるので、それに拠るだけでなく『説文解字』も調べた、などと述べて、

网四罒　月月月　母毌　襾西覀　日曰　匸匚　衣示　己巳

という、混同しやすい別字の類を示す。この本は字体にいくぶんか厳しい態度で臨んでいるが、ここでも、「日」と「曰」のように、基本的に別の字種になるような筆画の差を問題に

し、区別が必要なこだわるべきところと考えているのである。

乾隆帝《けんりゅうてい》が勅命を下して編纂させた一大叢書「四庫全書」にも、『礼部韻略』が二種類、収められている。世に伝わる善本を集めて選んで作られた「四庫全書」は当初からすべて写本で作られたため、北京の紫禁城《しきんじょう》の文淵閣《ぶんえんかく》に収められた本と他の本（散逸したものもある）との間で、字形に差が生じることは免れなかった。『増修互注（註）礼部韻略』（文淵閣「四庫全書」本）は、冒頭に「進増修互註礼部韻略表」を載せる。この韻書について、「四庫全書総目提要」という清朝の公的な解題では、「明代刊板頗多訛舛《かせん》」などと指摘する。

この明代の板本には頗《すこぶ》る誤りが多いという指摘は、「四庫全書」に収められた『附釈文互註礼部韻略』巻一「附釈文互註礼部韻略条例」にも述べられているが、そうしたテキストを参考書として持ち込んで、韻から字を引いて字体まで写した受験者たちは多数いたはずである。そうした字形を、前に述べたような謄録官たちが忠実に写したり、細部まで確認しながら塗抹して減点したりしていたとは限らない。ここでも巻頭に「進増修互註礼部韻略表」が置かれているが、「東」とその俗字とする形の違いなど肝心な部分が、やはりはっきりとしなくなってしまっている。

同治《どうち》十年の進士、陳康祺《ちんこうき》は、一八八一年（光緒七年）に、ここ数十年、殿試では答案を厳しく点画まで見て、一字でも古体や帖体（法帖に見られる字の形）が見つかればランクを落とすという事態になっていることを記録している。殿試を担当した大学士の曹振鏞《そうしんよう》は、皇帝が点画に誤りがあるとされた字に朱筆で抹出するので、自分もそれに従ってそのように採点していたと述べる。この曹振鏞は、清朝を誤らせた役人とまで酷評される人物である（『清《しん》代軼聞《だいいつぶん》』巻一など）。

その三十年前の一八五一年（咸豊《かんぽう》元年）に、殿試では、字の形の巧みさ拙さや筆画がたまま粗くなっていることよりも、書いた文の内容から分かることを重んじて天下の人材を採るべきだと上奏したのは王茂蔭であった。しかし、あえなく礼部から反駁《はんばく》されてしまっていた。

そうした答案の筆跡に必須とされた「館閣体」は、最高の人材を集めて皇帝直属の役所となっていた館閣すなわち翰林院の一字を取って、「院体」とも呼ばれる。俗に「方光烏《ほうこうう》」「烏方光」つまり正方形に整い、つややかできれいで、黒々している、などとも称されたその書法が、曹振鏞らから求められていたとき、龔自珍《きょうじちん》も、そうした宮廷の趨勢に苦しみ、反発した者の一人であった。館閣体は、明代初期の台閣体が丸みを失った、直線的で交差が目立つ、より几帳面《きちょうめん》な書体である。皇帝の好みや書風に阿《おもね》り、伝統である筆勢を継承、発展させることができないばかりか、次第に劣悪な書風も現れ、書芸の発展を妨げることにもなっていく（前述の鄭広栄参照）。

龔自珍は、優れた文章を答案に書いたが、上手にその書風で書くことができなかったために「楷書の書法が規定に合っていない」として、ようやく合格した科挙において順位を落とされ（直言する性格にも原因があったとも見られているが、理由はやはりその「書」とされた）、その後も同様に配置や出世の面で不遇の人生を送った。

そうした書風を偏重する風潮を皮肉るあまり、彼は唐代のかの字様書の書名を一文字だけ変えた『干禄新書』まで著した。龔自珍の叔父（考証学者の段玉裁《だんぎょくさい》の娘婿）は、礼部尚書の地位にあったが、「凡考差、字跡宜端秀、墨跡宜濃厚、点画宜平正、則考時未有不入彀者」、つまり試験では、筆跡がきちんとしていてうるわしく、墨の跡が黒々としていて、点画がきちんとしていれば、合格しないものはいない、と語り、それをたまたま耳にした龔自珍に翰林の学問の現状を悟らせたと伝えられる（『棲霞閣野乗』巻下、『清代軼聞』巻五ほか）。龔自珍はあまたの著書などに優れた文章を次々と記し、清末の学界を興隆させた。彼の公羊学《くようがく》に対する研究に、康有為《こうゆうい》のように影響を受け、西太后《せいたいごう》の時代にあっても変法と呼ばれる近代化への改革を主張し、運動を起こす者が現れたのである。

このように、科挙の答案に書いた文字が巧みである者が能吏となるとは限らない。試験時に緊張のあまり、殿試策の論文「民以食為天」の末尾がしどろもどろの筆跡になってしまったという中国南部の広西《こうせい》から受験した張建勲は、それでもその部分を差し引いても他が良かったのか、清朝末期に及んで奇跡的に末尾の乱れに目をつむってもらえたのか、閲巻大臣同士で対立が起こる中、閲巻大臣に状元の候補の一人として推され、光緒帝によって内容が評価され、一八八九年に状元に選ばれた。そして役人として清朝の幕が下りるときまで立派に勤め上げている。

清朝は、満州族が皇帝となって世を治めたために、漢民族の伝統を認め、継承し、学問を奨励し、とくに政治批判ではない考証学的な研究を間接的に推進させるようになる。その一方で、「四庫全書」編纂時には、政治、思想の点から禁書を指定したり、本文中の「胡」「夷」「虜」といった異民族を表し、蔑視《べっし》さえ感じさせる字を「人」「金」「北」「敵」などに書き換えるなどの改竄《かいざん》を行ったりしていた。さらには文章に記された漢字の並びや細部にまで難癖を付けて処刑に至る筆禍事件、いわゆる清朝文字の獄を繰り返した。古代にも、漢字や文言をめぐる同様の事件は発生していたが、その摘発件数と言い掛かりともいいかねない細かい罪状は、この時代に極まった感がある。

「字貫案」はその悲劇の一つといえる。『字貫《じかん》』を一七七五年に刊行し、その中で『康熙字典』の不備や誤りを指摘しつつ改編し、さらに凡例で皇帝の諱を犯した江西《こうせい》の挙人の王錫侯《おうせきこう》は斬刑に処された（池田《いけだ》四郎次郎《しろうじろう》「通俗支那辞書談」『東洋文化』六七〔一九三〇年〕、阿辻哲次「王錫侯『字貫』の研究」『東方学』六六〔一九八三年〕ほか）。当初言い渡された残虐な凌遅刑《りょうちけい》は免れたものの打ち首となったという。内閣文庫に所蔵する『字貫』版本では、孔子に続けて清朝の乾隆帝を含む三代の皇帝の諱を列挙している。それらの欠筆は努めて行っているが、初版での改行と欠筆の状況については、『字貫提要《じかんていよう》』にうかがえるものの確定はできない。

乾隆帝がこの辞書を親しく閲覧して「大逆不法」という大罪を見出したものであった。王錫侯の子孫だけでなく、その犯諱を当初見逃した役人までが処罰を受けた（流罪や死刑となったともいう）。『字貫』をはじめとする彼の著作物は、一七七七年に清朝の治政に対してよろしからぬ内容をもつとして禁書に指定され、そのすべてが版木もろとも焚《た》かれる憂き目にあったが、その前年に日本に渡ってきた版本が内閣文庫など国内にわずかに残されている。

再び科挙に目を転じよう。雍正帝《ようせいてい》の治世では、郷試で『詩経《しきょう》』の「維民所止」を出題した試験官を「維」「止」が雍正の頭を切り落としているとして処断された。実際にはこれらの「糸」と「乡」は字体が異なっている。

それぞれの時代に現れた書家たちには、科挙の合格者もいた。しかし彼らによる芸術的な潮流とは異なる、時に皇帝や礼部や翰林院など官署に勤める役人の好みによって評価され、また要求された位相性をもった没個性的な書体（『萇楚斎《ちょうそさい》五筆』巻十にも指摘がなされている）が、清代にも科挙の合格者の答案に満ちていた。

もしもあの王羲之がこの清の時代に科挙を受験したならば、間違いなく落第したであろう、といわれている。書聖、王羲之はとくに行草をよくし、前に述べた「之」に限らず、それぞれの場に適するように字形に変化を生み出しており、その書はたしかに活字の如き石経や科挙での小楷とは対極にあった。さまざまな書風を駆使して書家としても名をなした翁同龢《おうどうわ》も、状元を勝ち取った答案では、溢れ出ようとする個性を押し殺し、そうした小楷をしたためていたはずである。彼は閲巻大臣の一人となって、殿試の答案の採点に当たっている。

その千篇一律《せんぺんいちりつ》で誰が書いても同じようになる書には、個性のある「破体書」の類など認められる余地はなく、新たな書芸を発達させる力をほとんどもたなかった。そうした書風にまで様式を重視する形式主義につながる現象は、過去にも先に触れた経典の写本（北魏《ほくぎ》以降の写経体）や石経に見られたものであり、印章（印鑑）や活字への連なりも見てとれる。清朝における殿試では、内容面でなかなか差が付かないこともあって、書いた字が整っていて訛誤がないものがトップに位置づけられるという事態まで招いた。

止めどなく激化する内憂外患の中、清朝の崩壊が近づいた一九〇一年に、答案の謄録はなされなくなり、翌年、形式化した作文法の八股文も廃止、一九〇四年の実施を最後に、一九〇五年に科挙は制度として廃止された。この最後の科挙で状元となった劉春霖《りゅうしゅんりん》は、名前に含まれる「霖」が長雨を意味するため旱魃《かんばつ》に対して縁起が良いからなどとして状元に選ばれたとの伝承がある。彼は、官吏としてよりも、小楷に優れた書家としてその名を世に残している。その後、魯迅《ろじん》は、科挙を目指したが不合格となって見るも無惨に落ちぶれた孔乙己《コンイーチー》という人物に、「回」という字には四つの書き方があると空《むな》しく語らせている。なお、この話は、諸橋轍次編著『大漢和辞典』に、戦前の校正刷りの段階から引用されているが、そこに引かれた『宋元以来俗字譜《そうげんいらいぞくじふ》』の「囬」のような特定の通俗的な字体がその一つだったのかどうかは、なおも検討を要する。

清代の科挙の答案は、状元となったものには伝統に則《のっと》って刊行されたものもあるが、試験場で書かれた肉筆がいくつか残っている。ここで、答案の楷書がいっそう重視された清代なかばの、一七七二年（乾隆三十七年）に、状元つまり第一甲第一名進士となった金榜《きんぼう》（一七三五―一八〇一年）による殿試策の答案（東洋文庫蔵）を確認する。金榜は、科挙の合格者の氏名などを記した金の扁額《へんがく》（金字で扁額に記すこともあった）を指すが、文字通り、名は体を表す結果となった。

この答案は、金榜の自筆ではないと推測されたことがあるが、朱筆で転記して筆跡を隠すのは前の段階の試験までで、またこれは謄録をしない清朝の殿試のものであり、さらに朱ではなく墨で書かれているところから、やはり自筆であったと考えられる。そもそも一字一字が正方形に収まり、個性を出さない書風が求められて久しく、まさにその点も評価の対象となっていたのである。

皇帝直々の最終試験に臨む緊張感と、登科《とうか》すなわち合格は手中に収め、学習者たちの頂点まで上り詰めた高揚感が見て取れよう。古くから、文章に欠点や直しのないことを「文に点を加えず」と言うが、確かに修正の跡も目につかず整然としている。この答案の末尾には、塗注乙についての記述が見られないのだが、みずから記入するケースと記入させないケースとがあったようだ。殿試においては、採点官もそうした基礎的なことなど、とくに記入しないようになっていたのであろう。

『清代科挙図鑑』に載せる、一八〇七年に第弐甲第弐拾玖名となった受験者の殿試の答案には、末尾に評価として採点官八名の姓と「○」「△」という記号が墨で書き込まれている。清朝においては、圏、尖、点、直、叉と呼ばれる成績と、対応する記号として「○」「△」の二つのほかに「丶」「|」「×」が定められていた。五段階評価が設けられていたのである。なお、日本でも、江戸時代や明治期に、採点や評価の記号として「○×△」の類が見受けられるが、これはその源流として注目される（一方、井に○×を書く遊びは西洋からの伝来である）。

付箋《ふせん》で誤記の指摘がなされているのは、たったの一か所だけで、誤字（誤用）と見なされたのであろう。「疆」の右の「一」が貫いた字体は、実際には唐代の石碑などに先例が多数ある異体字であるが、『増韻』など辞書の「疆」の項目に載せていない字体だった。「疆勉」という熟語を「彊」と通用する「疆」（明代の答案で先に見た）を用いて「疆勉」と書いたところが誤写（誤記）と判定されている。ただ、それにもかかわらず状元、つまり最終試験の第一位という座は揺るがなかった。「蓋」を「盖」と字書で俗字とされる形で書いているところも、字体に比較的大らかだった採点の様子をうかがわせる。『干禄字書』はもちろん、唐代に公的な位置を得た『五経文字』や石経も、字体の基準としてはほとんど顧みられなくなっていたのである。

左記のように現代とは異なる形や揺れも存在しており、現代では字体の差と見られるものもあるが、この程度の表現の幅は、歴代の書家の書いたバリエーションのうちにほとんど収まっており、小楷による書写の技能の広がりの範囲内にあると理解されていたのであろう。字書にいう正字とは異なる形であっても、そのまま黙認され、殿試の採点においては不問に付されたことが分かる。

また、とめはねのレベルは、書写体の中で字ごとにどのような幅をもっているのかという大体の傾向はあり、おおむね毛筆使用時の常識となっていた。小楷を巧みに書けるような人であれば、とめはねの揺れの範囲は、おのずから当時の文人たちの趨勢や法帖などで広まり伝わった著名な書の古典の枠内におおむね収まるものであった。金榜の字を挙げておこう。

保（保）　民（民）　別（別）　設（説〔説〕）　敷（敷）　昭（昭）　裕（裕）

極（極）　寧（寧）　建（建）

なお、しんにょうは「⻌」と書いている。

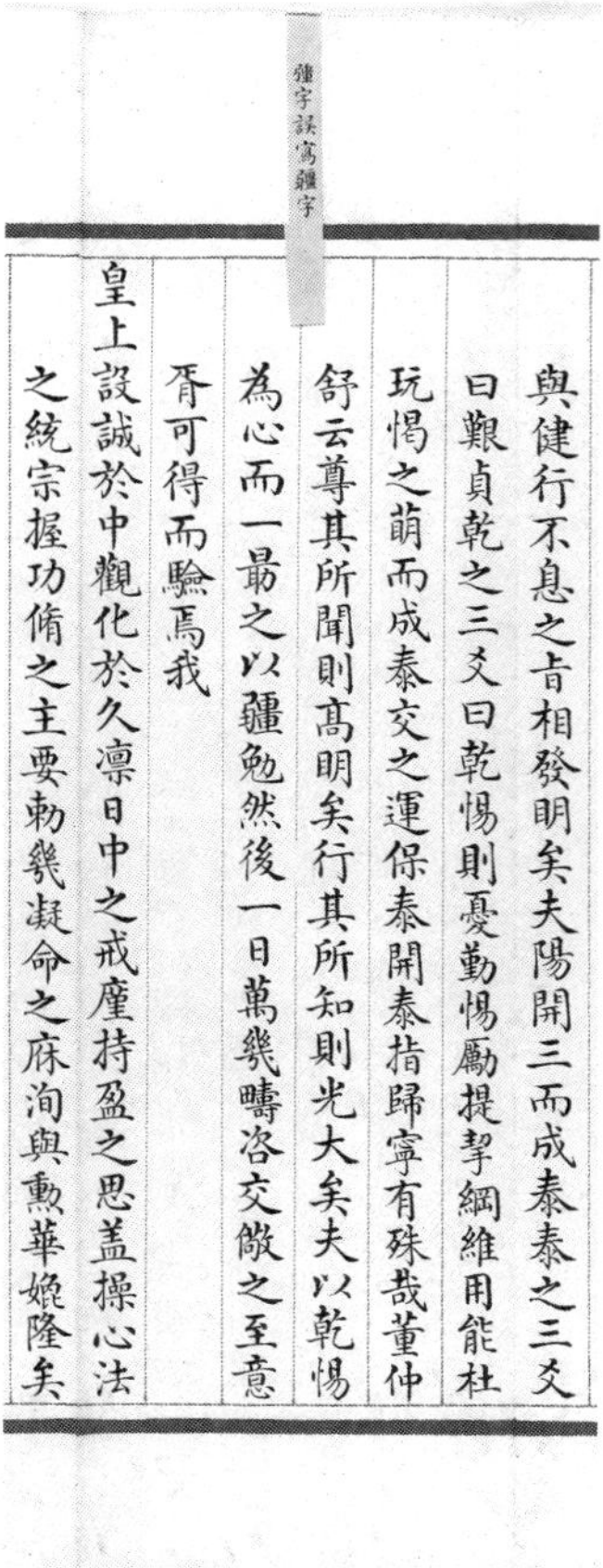
彊字誤寫疆字

與健行不息之旨相發明矣夫陽開三而成泰泰之三爻
曰艱貞乾之三爻曰乾惕則憂勤惕厲提挈綱維用能杜
玩愒之萌而成泰交之運保泰開泰指歸寧有殊哉董仲
舒云尊其所聞則高明矣行其所知則光大矣夫以乾惕
為心而一最之以疆勉然後一日萬幾疇咨交儆之至意
胥可得而驗焉我
皇上設誠於中觀化於久凜日中之戒塵持盈之思蓋操心法
之統宗握功脩之主要勅幾凝命之麻洵與勳華媲隆矣

金榜の殿試答案（部分）　付箋には「彊」（つとめる意）の異体字を、「疆」（さかい。なぜか正字体で写す）で「誤写」していると指摘する。それにもかかわらず全員が○を与えた（公益財団法人東洋文庫蔵）

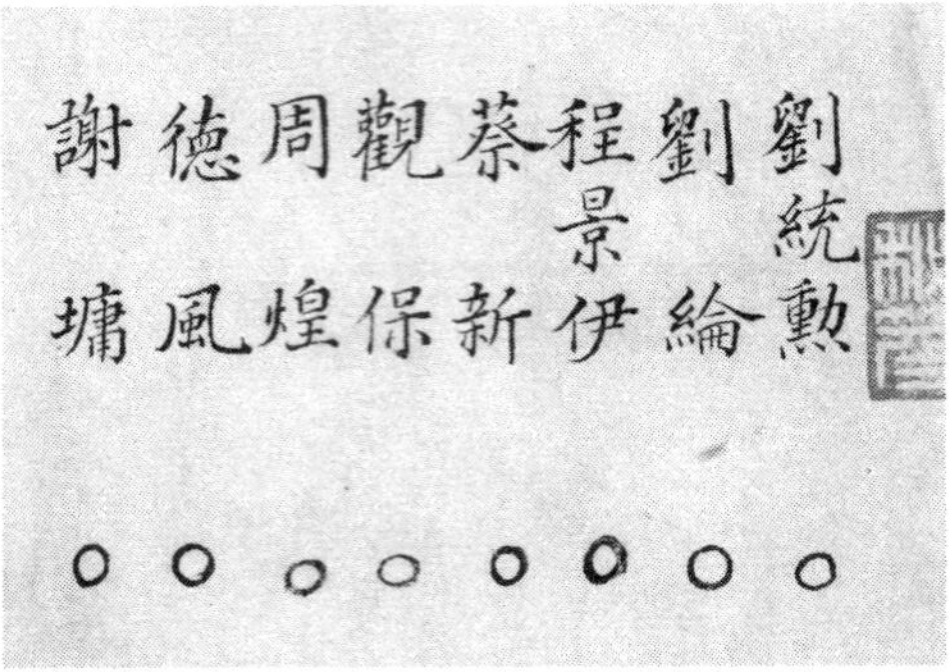

金榜の答案の評価　全員が「○」で揃っている（公益財団法人東洋文庫蔵）

先の陳康祺の記録によると、清朝では、ついには殿試において答案に書かれた漢字の一画の長短、一点の太さまで粗探しのように妍媸《けんし》すなわち美醜のレベルで評価されるに至った。清朝前期にすでに康熙帝は、書の巧拙によって人物を評価し、その配属先を決めたとの話が伝わる。『康熙字典』を編纂させ、唐の太宗と並ぶ名君とされる人物である。乾隆帝の代には、汪廷《おうてい》楷《かい》が答案として記した賦のある字の一つの左はらい（ノ）が、誤って点（丶）で書いているところが見つかり、一等から格下げされたことまであった。

ただ汪廷楷についてそのように述べる指摘が中国において論考などに見られるが、その出典とされている『同治重修蘇州府志《そしゅうふし》』巻九〇に遡って確かめると、「誤書」とはあるが点画については記述されていない。龔自珍あたりの言説から、敷衍《ふえん》された伝承という可能性を指摘しておく。

金榜は状元として、受験する皆が憧れる翰林院に入り、晩年は経書を研究して過ごした。

清朝も後期になってくると、梁章鉅《りょうしょうきょ》、張之洞《ちょうしどう》、薛福成《せつふくせい》、康有為らが次々と八股文や韻文などと合わせてこの楷書の書法重視の評価法を批判し、すみやかに廃止することを提言した。彼らも小楷を書いて科挙に合格し、進士や秀才となっている。

汪廷楷ほかの受験者は、落第させられたわけではない。格下げや降格にとどまったのは、字の形としての正しさよりも書としての巧みさに焦点を当てて見ていたことによる結果とみることができる。「字正公」と呼ばれるほど館閣体を厳格に書く曹振鏞のような役人も前述のとおり権勢を振るっていた（諡《おくりな》は文正）。彼は、乾隆四十六年に進士となってから嘉慶帝《かけいてい》（在位一七九六―一八二〇年）、道光帝《どうこうてい》（在位一八二〇―五〇年）にも重臣として仕え、半世紀以上にわたって清朝の役人を務めた。

乾隆帝は、そうした一方で、「峜《けい》」という『管子《かんし》』にある古字を賦に用いた人を一等一名に引き上げたこともあったとされる。乾隆帝は、文人皇帝として君臨し、清朝も最盛期を迎えたが、その治世には中国史上に暗雲を招く原因が漢字を通しても静かに生み出されていたことは間違いない。その孫に当たる道光帝に至っては、大臣に思いのままに奏上をさせないように、上奏文に対してそうした粗探しをし、その中の誤字や書法を厳しく非難したと伝えられる。

17　科挙が教えること

清代の「夾帯《きょうたい》」すなわち持ち込みによるカンニングに用いたとされる衣服・靴下・ノートの類も数点、現存している。本物かどうか、実際に使われたものかどうかは不明だが、中にはお守りとして作られたものもあったという。藤井斉成会有鄰館《ふじいさいせいかいゆうりんかん》が所蔵する衣服に書かれた四書五経の延べ数十万字に達する本文の蠅《はえ》の頭のような小さな字は、行書や草書で書かれていた。

遡って宋代には、解試において、書物をこっそりと持ち込むことが黙認されていたという。持ち込みできるくらい小さな参考書も刊行されていたのだが、武人を選抜するために形式的に実施された武科挙においては、カンニングをしてさえも、「丕」を「不一」、「一旦」を「亘」と合わせて書いてしまうような、基礎学力が疑われる写し間違いが現れたという。不正な持ち込みは、すでに唐代に発覚したことが記録に残されている。

字形に厳格な意識をもつ文人たちは、ほかにも歴史上ときどき現れた。

前に述べた『説文解字』にない文字は使わない、という立場の人は、「常用漢字表」にあるとおりにしか文字を使わないという立場の人と、特定の原典にきちんと従おうとする点で共通する。

『五経文字』『（新加）九経字様』にもそのような一面が見られたが、篆書の形態に従って楷書を書くべきだとする信念は、稀に共感をもって受け継がれたようで、たとえば、明代に科挙に通ったり、科挙を目指して学んだ人たちによって『六書長箋《りくしょちょうせん》』、『正字通』、そして極端なものとしては『六書精蘊《りくしょせいうん》』のような書物でそれが示された。

そうした主義の一派として、元代の李文仲撰『字鑑《じかん》』や明代の夏宏撰・黄元立《こうげんりゅう》補『字《じ》考《こう》』（一六一七年版ほか）などが生じた。これらの本は、在野の人たち（黄元立は郷試に受かった挙人）が字形の細部を咎《とが》める姿勢を強く示したもので、後代に影響を及ぼすこととなった。『字鑑』は、序文で『増韻』すなわち『礼部韻略』を引いている。沢存堂《たくそんどう》本によって示すと、「令」（同本に基づく文淵閣「四庫全書」本では「令」、同本の字源の説明としては「令」）に対する「令」は「俗」、「空」は「宀」と「工」の間は「ハ」であり、「空」とするものは「俗」、「才」を「才」とするものも「俗」、「斤」は「一」が左に接しないのであって接するものは「俗」、「閒」を「間」、「耳」を「耳」、「叱」を「叱」とするのも「俗」などと細かく見とがめる。「全」の入型の「全」、「昌」の下の曰の左上（と右下）を空ける「昌」、「爵」の上を

「ホ」とする「爵」（森鷗外《おうがい》が娘茉莉《まり》の長男の名付けに用い、悶着《もんちゃく》を起こした）もここにある。

さらに「吉」の「士」を「土」にする「吉」を「非」、「童」の「里」は中央の「｜」が上に出る「童」なのであって、「里」とするのは「誤」などとする。「壬」は「王」であり、「壬」は監本の「誤」と説く。「四庫全書総目提要」では、『干禄字書』や『五経文字』の「失を糾《ただ》す」と讃えられた。万暦十七年に状元となった焦竑《しょうこう》は、その著書『俗書刊誤』の中で、「耳」「童」などについて類似する見解を示している。字源に基づく厳密さは、エリート層に深い共感をもたらすことも稀ではない。

後者の『字考』に対しては、「四庫全書総目提要」や（清の謝啓昆《しゃけいこん》の『小学考《しょうがくこう》』も引く）で、かえって『説文解字』の記述を知らないとして批判されている。その冒頭の「考誤写字」では、「令」「叱」「達」などを『字鑑』から受け継いだようで、さらに「七」ははねた「七」を「誤」、「木」ははねた「木」を「誤」、「保」を「保」、「才」を「才」とするものも「誤」とする。

「昌」は万暦版では「日」も「曰」も左上が空くが、和刻本ではともにふさがっていたり、あるいは注記の「曰」の左上がふさがっていたりして、字形に表そうとした意図が不明になっている。「別」の重文すなわち並べた異形の二字も、もともと左側は「口」の下に「力」があるようにいずれも印刷されており、和刻本でも左下が「力」のようになって揃ってしまっている。

この本は「俗書」とされ（長澤規矩也編『和刻本辞書字典集成』二、一六四九年版に対する解題）、その注記内容や注記態度にも批判がなされた（『字考正誤』、『異体字研究資料集成』別巻一、杉本つとむ解説、雄山閣出版〔一九七五年〕）。

さらに『字考』ではしんにょうは、二つの点で揺する形「辶」を記す。手偏すなわち「扌」をはねない字もあれば、他の項目でははねている、といった不統一も見られる。「東」も「誤」とする形との差が僅《わず》かすぎて分かりにくい（「日」のような部分がより扁平か）。

明代に流行した部首・画引き式の字書の決定版となった『字彙』は、一六一五年（万暦四十三年）に刊行された。その字書において、編者の梅膺祚《ばいようそ》（国子監太学生であった）は、版面によってははねる字形をきちんと表現できていないが（たとえば康熙二十七年版）、縦画の「丨」（コン）の部分を、俗に「亅」（ケツ）に従って書くものは字源から見てよくないが、筆勢に任せたもので、すでに慣習となっており改めがたいと述べている。それまでの通俗的な諸書と一線を画す態度であろう。ただし、「未」「末」「朱」ははねており、「本」や木偏ははねていない。この和刻本には、「木」をはねていて、注記と矛盾する版面を呈するものがある。

先に引いた通俗的な書物である夏宏撰『字考』は、黄元立が補訂を加え、この『字彙』の二年後に刊行された字形の解説書であるが、そこでは「木」のはねる形は誤りと断定している。この本では、「七」もはねると誤りとするなど、『字彙』よりも厳格な姿勢を随所に示す。これ以前では元代の韻書『古今《ここん》韻会《いんかい(ね)》挙要《きょよう》』が、発音中心の辞書でありながら、「木」を「木」とするものを非と判断していた。

　後に清朝の勅撰字書『康熙字典』は、その『古今韻会挙要』を引き、同じ立場をとるが、その巻頭に置かれた楷書の序文では、木偏などを唐代の『五経文字』などと同様にはねており、矛盾を呈している。陸費墀《ひち》が撰し、王朝梧（乾隆四十六年の進士、工書すなわち書に巧みであった）が増訂した『四庫全書辨（弁）正通俗文字』（乾隆年間刻本ほか）では、「正譌《せいか》」の項目に、「木」ははねることがあり、法帖にも見られるが、非であると説明する。この本は、『字学挙隅《じがくきょぐう》』（後述）に影響を与えたが、「四庫全書」の総校官の職にあった著者の陸費墀は、その校正の不備などの責任を乾隆帝から厳しく咎められた。

　この一書に影響を受けた、『説文解字』の研究で知られる王筠《おういん》（乾隆年間の挙人）は、『正字略定本』（道光十九年〔一八三九年〕跋）において「木」ははねないものとするが、注記でははねており、ここでも矛盾が露呈している。さらに、先の『字彙』の判定に対して、張《ちょう》自烈《じれつ》（南京《ナンキン》の国子監生だった）は『正字通』辰集において、根は曲がるものなので、「亅」でも非としない立場を表明している。「木」をはねるかどうかは、字の発音や意味に関わることが一切なく、言語の表記からはまさに枝葉末節といえ、人によっても字書によってさえも、判断は定まっていなかったのである。

　このように字形の細部にまでこだわりを見せる立場は、歴史上では少数派に属した。清代の龍啓瑞《りゅうけいずい》の『字学挙隅』（一八八六年「増補」中国哲学書電子化計画、ハーバード大学所蔵、『異体字研究資料集成』別巻一　和刻本）は『干禄字書』を模して編まれたもので、「正譌」には、細部に関しては、たとえば「風」の虫の上を「一」にした「風」を正体とし、「ノ」になった「風」は正体に対する俗字とする記述が、微細な点画に対するものとして見られる。たしかに、字源は「凡」と「虫」であり、「鳳」と揃えるにはそのほうが理に適《かな》ってはいる。

　この本の編者は、道光帝の治世下で、阿片《アヘン》戦争に苦しむ一八四一年の一甲一名進士つまり状元であり、この書物は科挙を受ける人々の間で大いに読まれた。この本や『字考』が日本で江戸期や明治期に版刻されたことは、その後への影響という面を考えるうえで注目すべきであろう。

　清朝のアロー号事件、義和団《ぎわだん》事件などの戦乱でほとんど散逸し、残った巻も世界に散らばった世界最大の百科事典『永楽大典《えいらくたいてん》』二万余巻は、明の永楽帝の勅撰によるものであった。

「州」をはねる例
明代の勅撰の百科事典『永楽大典』の現存する実物には、「州」をはねる字形が見られる

『中華典籍聚珍《ちゅうかてんせきしゅうちん》』に収められた写真を見ると、「州」の右下をはねている。こうしたものも、台閣体と呼ばれ、科挙の合格者で役人となった者の筆跡なのであろう。

先述した「四庫全書」は四〇〇〇人余りが書写に当たったとされる。文淵閣写本は、やはり当時の個性を押し殺した館閣体で書かれているとされる。あたかも中国の公用語として官話が役人によって共有されていた現象のようで、また江戸幕府で公用書体として御家流が採用されて広まったことと軌を一にしている（いずれも後に廃絶した）。しかし、字体では、誤字体と目される字体も散見される。内藤湖南《ないとうこなん》は、「目睹書譚《もくとしょたん》」において、「四庫全書」は、北方のものは「悉く監生の写字に成り、字体も大いに同一の体裁を具へて立派なるに反し、」文瀾閣など南方のものは「筆耕に写させ」たものという（さらに現存本は「不足を補写し」たもの）。監生は国子監の学生を指す。『康熙字典』も、たとえ殿版（内府本）であってもさまざまなレベルの誤植は免れなかった（後述）。乾隆年間に武英殿《ぶえいでん》で刊行された聚珍版《しゅうちんばん》という名の活字版であってさえも程度の差こそあれ、「單」を「單」に作るなどそうした字体が変動する状況は絶無ではなかった。

清朝の康熙帝が命じて作らせた『康熙字典』（一七一六年、殿版〔初版〕）は、後に字体の権威として扱われるようになっていく。

しかし、その冒頭に置かれた翰林院侍講学士の陳邦彦《ちんほうげん》による序文は楷書体で記されており、「天」「結」「保」のように伝統に基づく書写体の類が基本となっており、本文と照らし合わせたならば俗字などの異体字とされた字体も「盖」（蓋）、「髙」（高）、「扵」（於）、「為」（爲）などのように使用されていた。金榜らの用いた字体とよく合致する。「製」（製）といった字体さえも見られる。しんにょうは「辶」と書いている。

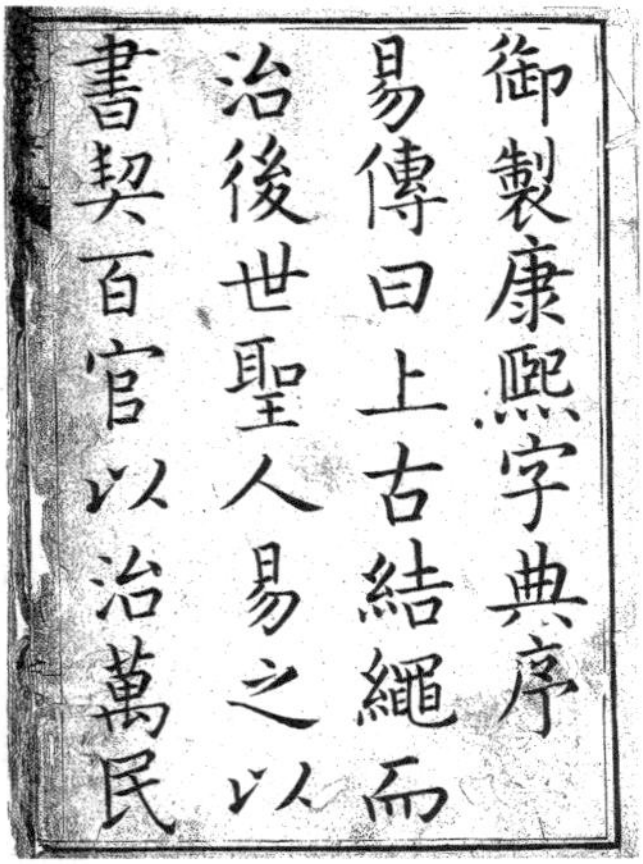
御製康熙字典序
易傳曰上古結繩而
治後世聖人易之以
書契百官以治萬民

楷書体で記された『康熙字典』殿版の序文

これらは科挙に受かった役人による字であり、とめはねの有無はほぼ一定で、毛筆使いの常識レベルの範囲にあったのだろう、ほぼ順当な運筆による字形を呈している。そこにはほかにも、次のような字体・字形が見られる。「民」はこの字体も用い、「漢」も二種類の字体で書くなど、ときに変化もつけている。

漢・漢（漢〔漢〕）　蠅（縄〔繩〕）

矣（矣）　周（周〈周〉）　民（民）

紀（紀）　事（事）　後（後）　今（今）

巻首には、「辨（弁）似」という項目が設けられており、「二字相似」には「乀」と「乁」、「丁」と「丅」（「下」の古字）などが示されている。形が似ているが、細部によって音義にも区別があるために注意すべきであるとするのである。

なお、本文には、誤刻に対する公的なお墨付きを得た修正として王引之《おういんし》の『字典考証《じてんこうしょう》』などが指摘したもののほかに、字体、字形、画数、部首などさまざまなレベルでの誤り、巻や編纂担当者による不統一が発見されてきた。しかしそれらの多くは歴史上で実は揺れをもっていたこと、そして大らかにとらえられてきたことの現れでもある。誤字体も認められ、たとえば直音注（別の同音の漢字一字を示して、その字の発音を示す方法）で先行する韻書の「瞞《マン》」という字を「蟎」とした箇所さえある。「ダニ」を表す国字と同じ形の字が、ここに誤刻としてだが紛れ込んでいたのである。そしてこの字典は、後に版本が出るごとに、意図せぬものも含めて、字体・字形に違いを次々と生み出していく。日本でも絶対視されがちな、「いわゆる康熙字典体」が版面をいくら探しても見つからないことさえある。漢字に「絶対」などなかったのである。

前に言及した辨似においては、別字と字体が衝突する場合には、とめはねのレベルに言及している。言い換えると、別字にならないかぎり、字書では通常、とめはねについては問題視されていない。こうした形が似た別字に注意を向けることは古くに起こっており、唐代の種々の字様書よりも前に、隋代に彭立《ほうりつ(りゅう)》の『文字辨（弁）嫌』（嫌は、に〔似〕ていてまぎらわしい・うたが〔疑〕わしい意）が編まれ、日本に伝わり奈良時代には用いられていた。散逸した字書類にも、同様のものが収められていた可能性がある。『康熙字典』に先立つ『玉篇』『字彙』などにも同様の項目が巻頭に設けられ、日本の辞書類の一部にも受け継がれた。一方で、それらにおいても、現在の漢字使用の実際の趨勢に従って内容を改訂する姿勢も時に見せていた。

そこに載らないほど字体の差が大きい「魯魚章草」「烏焉馬」（第二部に触れた「烏亭焉馬」参照）の類は、筆記の際には実際に誤記が起こったことがあったのだろう。「己」「已」「巳」なども形が似ているために混同され、通用するような状況も一部に生じ、それに対する批判もなされてきた。中国では、まだ文字が整理されておらず、小篆さえも生まれていなかった春秋《しゅんじゅう》時代にすでに、干支の「己亥」が「三豕」つまり三匹の豚と読み間違われたとの記録がある。

類形異字すなわち字の形が似ているだけでなく、発音や意味が異なり字種まで変わる場合には、通常はデザインのレベルによる点画のとめはね、長短、接触非接触など細部に注意する必要が生じる、というのが言語を表記する漢字の本質に即した正統的な姿勢なのであった。

ここまで、中国での漢字とそれに対する意識は、時代とともに、また社会や人、場面によって伸縮と変動が絶えず起きており、それは約一三〇〇年もの間存続した科挙においてさえも必ずしも一貫していなかった状況を確かめてきた。これらは、隣国で漢字と中国の圧倒的な文明を受け入れた日本にも当然のこととして大小の影響を与えた。

日本では、唐の律令を導入したときから、漢字を正しい字体で書くことという要件は外されて、書体の巧みさ、美しさが重視された。そして、自然と中国の字体規範が移植されたが、科挙が定着することなく消滅したこともあって、中国に比べれば大らかともいえる字体の使用がなされてきた。しかし、中国からの影響を書籍と人を通じて蒙《こうむ》りつづけ、明治以降には江戸時代に一部で顕在化したその過度な規範意識が教育界で適用される場面も現れた。そして、日本人の手によって、一部はさらに精緻化され先鋭化が進み、とくに戦後、試験においては、漢字はしっかり見なければ、と採点者が気になった箇所に関しては微に入り細にわたり採点するという状況を生み出していくのである。第三部のはじめに見たように、今や本場以上に字形の細部に着目する指導や評価が行われる現状を呈している。

手書きの漢字を目にしたときに、デザインのレベルでそれを評価することは、手本にある字形の複製に適性や技能を欠いてはいても優れた他の力をもつ人材を養成し、また選び出す際の障壁となりうる。清朝後期の科挙の形式主義と採点法の形骸化が国を弱体化させたことは数々の実例が物語っていた。もちろん、読みにくい粗雑な文字を書くことを勧めるわけではない。ただ、文字によって伝えることば、文章の内容、そしてそれを効果的に伝わるようにする文章の表現力こそがより優先される評価基準となるべきであろう。

毛筆や手書きが減り、俗字、略字などの異体字も少なくなる中で、字形の細部が意味あるものに感じられてしまうのは無理もない面がある。しかし、細部への硬直した意識から解放され、語を表すための文字を伸び伸びと用いた表現力に意識が向くことの方が望ましい。文字の細かすぎる部分が人を苦しめるという状況は解消されなければならない。文字を書く側は、読む人の心理にもある程度配慮しながら、必要に応じて丁寧に整えて書くとよいだろう。そしてそれを読む人たちも個性に対する寛容と理解をもって文字の中に本意を読み取り、評価をしていくことが最も大切なことではないだろうか。

私たちは、漢字の本質から離れた本末転倒な、正しい字体どころか細かな字形、一つの書風を再現する能力に偏った評価を与えることによって、人材を見損なうこととなった清朝の末期的な状況を思い返す必要があるだろう。

おわりに

筆者は、漢字に対してさまざまな疑問を抱きつづけてきた。小学生になる前に、母が書いた「一二三」に続く「四」という字を目の前にしたときにそれは始まり、後に研究者を志したころからはそれに対して客観的な姿勢をもって、個別に答えを突き止めようと努めている。この本では、目の前にある字に限らず、世に残されたたくさんの謎に挑んだ。

漢字は、あらゆる点が複雑な相をもっているため、どこに着目するか、どうやって調べるかが問題となる。そして調べることと対象に関してしっかりと考えることとは、車の両輪のような関係にあり、どちらかが独走すると、真実は離れていってしまう。

漢字に関して調べていくと、その疑問に直接答えるものではなくとも、そこから派生的にさまざまな事実が得られるものである。そこからまた新たな疑問も生じてくる。「なぜ」が連鎖するのである。そして、一見答えが準備されているかの表情を見せる漢字も、いまだにその多くが解明を待つ状態にあることに気づかされる。

筆者は、これまで具体的な実例を検討する作業に基づいた検証を重ねてきたが、本書でもそのいくつかを解き明かせたかと思う。しかし、これらが絶対の答えであるのかどうかは今後さらに調査を進めて突き詰めていきたい。

調べるに当たっては、関心と方法が必要である。方法については、本書の中で具体的な手段と道具、そしてそれらのヒントを述べてきた。ただし、資料性や法則性、個々の現象の位置づけなども一筋縄ではいかない。それ以上に、まずは調べる、ということの楽しさを感じとってもらえれば、と願う。何でも知ること自体が楽しい。まして小さなことであっても真実を知ることはもっと楽しく、そして大きく言えば人文、人類の叡智《えいち》にとっても意義のあるものとなるはずである。

現在、便利な本という媒体であっても誤植は避けがたいが、ネットには根拠未詳の怪しげな情報がはびこっている。その一方で実に有用な情報も皆に平等に公開されていることがある。この先、これらはどんどん拡張されていくことは間違いない。後者を活用することで、限りある時間と体力の中で、調査は飛躍的に進展するようになっていくであろう。しかしそれでも、紙でしか分からないことは残りつづける。電子化がすべての紙媒体を写真に撮ったりスキャンしたりして鮮明なカラー画像とコードを伴ったテキスト本文などを備えたデータとなって公開される、そういう夢のような日がやがて訪れたとしても、原紙を見て、墨跡か汚れかが分かる、触ってみて紙の素材や年代が分かる、そうした実物に当たってみないとうかがい知れないことは残る。何をどこまで突き止めようとするかという目的によって、そういう調査まで必要となることは、この先も変わらないことだろう。

また、地形や人々の暮らし、地元での手書き字形や発音といったものは、現地でしか得られないことが多い。その土地に立って、そこの空気を吸いながら、生粋の方々から率直な話をうかがう機会は、フィールドワークをおいてほかにない。時間の制約などから、電話や手紙など通信によって代替せざるをえないこともある。また今日では、ストリートビューのような便利なツールもある程度近似する情報を与えてくれることがある。しかし、実地に赴き直接ゆったりと聴き取れた話、撮った生の写真の説得力には及ばない。

第一部では、JIS漢字の主に第二水準三三九〇字に含まれている国訓をもつ字について、眠っていた原稿をいくつか呼び起こし、そこに最新の情報を追加してみた。たまたま日本の小地名の類に使われていたためにJIS漢字に採用され、それが字体だけが衝突する無関係の用法に利用され、かえってその転用のほうが世の中で役に立っているという皮肉な現象がいくつも見出せた。どうしてこういう字が入っているのか、という謎もいくつも氷解した方がおいでであろう。そこには、漢字という文字のもつ歴史の長さ、懐の広さもうかがえるであろう。

現在の情報社会の基盤を支えている、制定されて四〇年も経っていないJIS漢字(一九七八年)も、もはやほぼ空気のような存在になっている。どうして入力したその字が相手のケータイに届くのかという原理さえも、稀に文字化けを起こすときくらいしか思いを寄せなくなってきた。その工業規格へ個々の漢字が採用された経緯については、かつてJCS(符合化文字集合)調査研究委員会などで検証作業に携わる中で、多くの事実を掘り起こせたのだが、この一大プロジェクトの存在自体も膨大な作業の経過も、すでに忘れ去られようとしている。実は、よくぞこの字を採用しえたというスリリングなケースもかなりあった。

JIS漢字の不思議というと、一九七二年から当時の最新号まで積み重ねると合計で三メートルに達した『国土行政区画総覧』という加除式の地名資料を調査した結果、判明した幽霊文字の正体(小著『日本の漢字』、『国字の位相と展開』)のことばかりが話題になる。それは地味な検証に終始携わった者としてありがたいことであるが、JIS漢字の秘密はそればかりではないので、本書ではまず、その三万三〇〇〇頁に及ぶJIS漢字の典拠となった一次資料の紙面に印刷された漢字を、基礎作業として一字一字の一点一画まで調べていった結果、ほかにも明らかにしえた、より目立たない秘話を記すことから始めることとしたのである。謎を解くための調査において、調査対象外の事柄に関する意外な事実が次々と明らかになるという副産物は付きものであり、その僥倖《ぎょうこう》は研究者冥利《みょうり》に尽きるものである。

日本人は、表記に表意性やニュアンスまで求めようとする傾向がある。たとえば、なぶる意の「嬲」を「うわなり」に転用することとなって、それは現れる。この字のように、字面や構成要素の配置からも醸しだされる情報を、読み手の目に訴えかけさせようとさえするのである。会意文字と呼んで終わらせるだけでなく、その配置にも意味が与えられていることに着目することができる。それは表現主体だけでなく、受け手もある程度それに共感できるという環境があってこそといえる。

日本人が表記に揺れを生み出す要因を数えれば、政治的条件、経済的条件、生理的条件など十種を軽く超える。そのいずれにも心理的条件が濃いか薄いかを問わず関与している。皆が正しいと思う表記が、一般性の高い表記と一致するとは限らないという現象は、日本以外ではそうは見られない。さらにそこからあえてずらした表記まで、なんらかの意図を込めて使われる。それもまた読者が何かを感じとる余裕があればこそである。行間、省略された語や書かれていない内容まで読み取ることは、ハイコンテクストな文化が下地にある。そこには、読むであろう人に対して、読みやすいように、伝わりやすいように、しっくりくるようにという配慮や思いやりがある。逆に、読み取りやすくはさせまいといういたずら心や衒学《げんがく》的《てき》な態度もあろう。それを迷惑に感じる人もいれば、楽しむ人もいる。読めさえすればよい、というだけでない、漢字に対して働きかけ、プラスアルファが付与されてきたことが、こうした動態の背景にある。

第二部では、歌舞伎役者の「鰕蔵」のエビや「團十郎」のダンの表記に関する、巷間の尤《もっと》もと感じる説について取材を通して抱いた謎に対して、過去の文献での記載を追ってみた。エビという語の表記誌つまり表記の歴史と背景の記述は、すでに論文にまとめ、その概要を小著『日本人と漢字』に記した。女優でモデルの蛯原友里さんがエビちゃんブームを巻き起こしたときに、それへのオマージュというと合わないが、そのようにして懐かしい手書きのカードを繰りはじめたのがきっかけだった。

あっという間にたくさんのカードに記していた情報に加え、種々の調べ直しと追加を行って、『訓点語と訓点資料』と『国語文字史の研究』に二本の論文を書き上げた。大学に移ってまだ少ししか経っておらず、岩波新書を上梓《じょうし》した翌年、学位論文を補訂して出版したその年に、よくそこまでできたものだと今思い返すと不思議であるが、博報堂より助成を頂いて、それまでの研究と足し合わせて、方言漢字（地域文字）としての「蛯」の調査も推進していたときであった。その際、「鰕蔵」に関する表記の情報もあるにはあったが、国字でも地域文字でもないので、となんとか合理化し、やりすごしていた。そのころ、Wikipedia などにある「海老」と「蝦」の使い分けに関する記述は、感覚的なイメージによるだけの話のようで、古い根拠が見当たらないことに気付いた。

しかし、字誌にとどまらず、エビという語の表記誌まで標榜《ひょうぼう》するからには、この放置は怠慢であり手落ちであると、ある日の夜中に猛然と火がついた。それまで怠けていたことであっただけに、まずはネットを隅々まで駆使して力を尽くしてみた。すると一晩で主な点はあらかた調べられたが、やはりそこで得られる情報には量質ともに限界があった。調べはじめたら止まらなくなり、古書店、図書館と足を運んだりアクセスしたりすることになった。本書ではどうやって調べていったのか、その一端も記しておいた。一般向けにと努めたものではあるが本書での記述によって、やっとエビの表記の歴史をまずは一わたり捕捉できたように思える。

なお、「蛯」の字については、その後も電子情報などから用例は見つかっており、細部を補強できるようになっているが、まだかつての調査結果を動かすほどのものではない。そのときそのときで、できるところまで積み重ねておくからこそのことであり、語誌に関してもいえることであるが、長くて複雑な歴史について完璧を期すことは難しい。手間がかかる割に不完全になるからやらない、というのは一理あるが、筆者は研究者として、理屈を付けて到達を放棄するような姿勢は不本意であり、歴史上そうした尽力が果たしてきた役割を見るにつけ、完成度の低いものを含めて学ぶ点が大きいと実感する。関心を抱いた人はそれに検証を加える必要があるが、そこからスタートしてさらにより完成度の高いものへと発展させていくことができるようになる。

第三部では、文化庁の文化審議会国語分科会の漢字小委員会において副主査としてとりまとめに関わった「常用漢字表の字体・字形に関する指針」(二〇一六)を作成する中で気になり、調べてきた科挙での漢字のことを取り扱った。中国で、いや世界で最も厳しいといわれた試験において漢字の形はいかに採点されたのかということに謎めいたものを感じ、ただ厳格だったという通説をいったん横に置いて具体的に確認しようとしたものである。大学入試の後に、入試とは何だったのか知ろうとして手に取った宮崎市定『科挙』などを読み直し、さまざまな歴代の文献に残されている言及や文字を通して、一部の固定観念を打ち破る結果を提示した。ここでは、先行研究を分かりやすいようにと極力本文中に示すこととした。先人たちの刻苦精励の成果を敬い学びつつ、後に生まれた者は更新、凌駕していかなくてはならない。

漢字の楷書体は、漢代に編まれた『説文解字』の篆書体のとおりには書けないことは、『顔氏家訓』書証や『干禄字書』の序文にも記されていたとおりである。筆法の簡易に赴くままに書けば、そこから乖離するばかりであることも確かである。本場の中国においても、その字源説と筆法という相容れがたい両者の危うい拮抗《きっこう》の内に揺れ動きながら漢字は使用されつづけ、変転を繰り返し、その内実を変質させながら、今なお各国の人々の意識の中に葛藤を生みつづけているのである。

字源も確たる説のない字が少なくなく、どうしてその形をしているのかということ自体が分からないケースもある。漢字について私たちが気になることに対する判断は、およそ自身の経験や見聞、漠然とした印象に基づいて下される。文字生活を営む者が客観的に内省をできるのはここ数十年の、しかも自身に周辺の状況だけである。そうした感覚は、初等教育以来の漢字観と重なって、動物の毛で作られた筆をもつことをやめた硬筆時代らしい規範意識と関わっているのではなかろうか。その意識の生成過程自体を分析対象とすべきであろう。

そして手書きよりも入力によって文字を画面上に連ね、またそうした規則的にデザインされた文字を読む機会が激増してきたことが心理に及ぼす影響は大きい。「漢字をきちんと書くことが伝統だから」という場合には、漢字史の中のどこの部分を切り取っているのかまず自問し、しっかりと検討する必要がある。字形、筆順（書き順）、画数、部首には、原理的にも、歴史上も、辞書間でも、そして常用漢字表の目安という性質上も、絶対と呼べるものが存在しない。そうした事実をふまえた以上、どれか一つを任意に標準と見なしてそれだけを正しいとすれば、不条理な事態も避けがたく生じる。

字形は違っても字体が同じならば、どれであってもよいということを認識しておけば、漢字を書きやすくなり、漢字嫌いも減るのではなかろうか。むろん、コミュニケーションツールとして文字を書く際には、読み手に無用な摩擦が生じないように配慮を加える精神は重要である。また細部が気になる人も内容に専念して読み取りやすくもなるだろう。現代において文字は、人を幸せにするためのものであるはずである。細部をあげつらって一定の範囲の中で個性が現れた筆跡にまで「×」を与える教育現場や社会がもたらしたこうした誰も幸せにしない窮屈な趨勢は、打開する必要がある。文化庁の「指針」は、そういう考え方によってまとめられるよう、国語調査官や主査、委員や志ある方々と意を尽くしたものである。現代人は、そもそも文字に対して従属的すぎる一面をもつことは、かつて共同研究を実施した際に、接触効果が顕著に現れた「好み・なじみ調査」からもうかがえた。漢字に対する関心も、いろいろな読みがあるとか、字源が面白いといった曖昧な点や一足飛びに容易に手の届かないところへと向かいがちである。

中国では、漢字そのものではなく、その人が書く字体が正しいか、書体が巧みで美しいかが人物評価の一つとして重視されて人材が登用された。宋代以降、次第に字形、書体のレベルへとさらにシフトしていき、時の皇帝という権力者の嗜好や恣意によることにまで及び、漢字で書かれた文章の内容の吟味という本質から外れていったのである。

漢字が好きという人は老若男女を問わず、世上にたくさんいる。その結果、漢字を眺め、覚えることにエネルギーを費やすことがしばしば行われている。また自身の価値観と合わない漢字観を何かに感じとっては攻撃的な言説を綴《つづ》る人も少なくない。そうした情熱のわずかな部分でも、文字について新しいことを発見することに振り向けてもらえればと願っている。もしその力と眼をもって膨大な資料に立ち向かったならば、漢字はみずからの謎を解き明かす糸口を次々と示してくれるだろう。

筆者は、真実に迫るためには、先に触れたように複数の方法があると考えている。漢字というと文献を机の上で調査するという姿が浮かびがちである。実際に筆者もそう思って憧れて飛び込んだ世界であり、それが基本であることに間違いはないが、文献には古代のさまざまな内容をもつ書籍のほか、金石文・木簡も古文書もあれば、現代の学会誌に載るような論文、そして雑誌、漫画本、同人誌の記事、チラシだってある。たいていは翻刻より写真版が、写真版よりも実物がよい。それを見るためには、パソコンが使えるようになっては来たが、足も使わなくてはならない。ただ現在、それらがすべて文字化されていたり、見ることができたりするとは限らない。

日本語や漢字を使う一員として自身で内省も繰り返しているのだが、そうすることで再発見できることは数多くある。そして多くの人々にアンケートや質問をすることで、心の中に秘められた意識や知識が立ち現れてくることがある。さらに、現地に足を運ぶことで、初めて地元での使用の実情や本音をうかがうことができる場合も少なくない。小地名であれば地勢や暮らしの特質まで感じ取れる、フィールドワークも必要となる。どれも真実に迫っていくために必要な手段である。ときにはそれらの方法を多角的に実施することで、互いに補いあって、現象とその背景に広がるものを立体的に知ることとなる。理論や結論を先行させて個別の事象をそれらに当てはめ、組み立てようとすると、現実が見えなくなることや覆い隠してしまうことさえも生じかねない。まずは古来の「論より証拠」である。

正解により接近するために、筆者は好き嫌いをなるべくせずに、ことばと漢字に向かい合ってきた。それらを使う、心と体をもった人間を知りたくなっている。筆者は、文献ばかりにとらわれているとそこにすべてがあるような錯覚に陥る。また出張が過多となれば何かがおろそかになる。ここまでは確かに分かったと思えることを口頭や活字でメディアを問わず伝える機会も重要である。地に足を着けて、バランスのとれた研究生活を続けていきたいと願うゆえんである。

この本では、上記のように三つの部にトピックスを分けてそれぞれについて記述してきた。異質な謎をもつ三部を通して、おおらかでゆるやかな漢字が後の人々やコンピューターによって再生、展開したり、機械だけでなく人間が制約を与えたりしている過去と現状が浮かび上がってくるであろう。当たり前の道具となっている漢字は、それぞれが意外な経過をたどってきたものである。教科書にあるような単純な発生と変化にとどまらない。また辞書に収められたような整然としたものばかりとは限らない。過去の人々や他者の心理を想像することにも興味は尽きないが、自身の内省さえもあやしいことがないだろうか。現在の実態さえ分からないとなると、過去が本当に理解できるのかという問いも自然なものであろう。

変化として意識される多くの現象は、時間軸の中での限りない変遷の中から、ごく一部の分かりやすいものを切り出したものにすぎない。そして、現代に起きている変化は、歴史の最前線に立つ私たちが受け継ぎ、展開させるべきものにほかならない。

本書は、史的変遷を主として扱ったため、文献を中心に調査したもので、先にも述べたとおり、たくさんの先人の貴重な記録と研究によって成り立ったものであり、その閲覧と収集を最後まで助けてくれた方々に感謝申し上げる。また本書を企画し、終始親身に担当して下さった酒井孝博さんは、各地で最新の写真を撮って現地情報とともに惜しみなく提供して下さった。思えば、五年以上も前に最初に依頼を頂いてから、連載ならばと執筆を始めたのは二〇一二年のことだった。さまざまな種類の仕事が重なる繁忙の中で、粗雑になってはいけないと思っては執筆が遅れ、また新たな調べ事に足を取られているうちに、ここまで時間が経ってしまった。二年余り、一九回に達した連載分は、全体の半分程度で、それにも大幅に加筆を行うこととなった。こうした遅れがちな書き下ろし原稿を辛抱強く待ち、時に励まして、すべてがぎりぎりとなったゆえの種々の我がままも最後まで寛容に聞き入れて、刊行まで運んで下さったことに改めて感謝申し上げる。

一人の人間にできることは有限である。与えられた時間は案外短い。しかし、集中して事に当たるならば、思わぬ力が発揮できるものである。かくいう筆者は今、周りのすべてを師と考えるようになっている。広まりつつある断章取義や偏った論理は問題外だが、もし対象に不足や誤りを確信すれば健全な批判精神をもってそれを追補訂正しつつみずから先に進ませるように努められればよい。そうした建設的な営為が蓄積され、適切な表現で広く伝えていけるならば、真実はさまざまな角度から証明されていき、思わぬ真理まで私たちは学ぶことになるであろう。

この小さな一冊でも、一つの学問領域を超えて、たくさんの種を蒔《ま》いたつもりである。これを元に、あるいはこれを刺激やヒントとして、やがてより詳しい研究成果が出てきてくれることを願ってのことである。パソコンやケータイを使いこなす人たちに対しても、期待とメッセージを込めてこの本を書き上げた。電子機器を使っていても、その作業そのものが目的のようになってしまうことなく、漢字に対して新しい観点から疑問を感じてほしい。

漢字にまつわる謎の解明に終わりはない。もしも本書を契機に、自由な発想と新旧さまざまなツールも活用した調査法を開拓し、謎に満ちた漢字に挑んでいき、そしてどんどん新たな答えを見つけ出し、また創り出していってもらえるならばこの上ない幸いである。

笹原宏之　識す

二〇一七年三月　阿谷山僻阪にて

主要参考文献

西原一幸『字様の研究』勉誠出版、2015年
平田昌司「科挙制度と中国語史」『古典学の再構築』7、2000年
府川充男『組版原論』太田出版、1996年
文化庁文化審議会国語分科会「常用漢字表の字体・字形に関する指針（報告）」2016年
保昌正夫監修、青木正美収集・解説『近代詩人・歌人自筆原稿集』東京堂出版、2002年
水谷誠「真福寺本『禮部韻略』について」『創価大学人文論集』11、1999年
宮崎市定『科挙——中国の試験地獄』中央公論社、1963年
宮崎市定『科挙史』平凡社、1987年
村内英一「漢字の字体に関する問題——書取の正誤判定の限界」『国語科教育』15、和泉書院、1968年
村上哲見『科挙の話』講談社、1980年
山下真里「近代日本における俗字と略字の差異」『国語文字史の研究』15、2016年
熊小明編著『中国古籍版刻図志』湖北人民出版社、2007年
羅氏原著、北川博邦編『偏類碑別字』雄山閣出版、1975年
李子君、2012年『《增修互注礼部韻略》研究』社会科学文献出版社、2013年、第2次印刷
李兵・袁建輝『清代科挙図鑑』岳麓書社出版社、2015年
劉復・李家瑞編『宋元以来俗字譜』新華書店、1957年
龍啓瑞『字学挙隅』（1886年「増補」。中国哲学書電子化計画、ハーバード大学所蔵、『異体字研究資料集成』別巻1　和刻本）

石塚晴通監修、高田智和・馬場基・横山詔一編『漢字字体史研究』2、勉誠出版、2016年
江守賢治『解説字体辞典』三省堂、1986年
大熊肇「彫刻文字と手書き文字の書体と字体」『日本語学』35巻12号、2016年
加納喜光『動物の漢字語源辞典』東京堂出版、2007年
宮内庁正倉院事務所編『正倉院古文書影印集成』1、八木書店、1988年
邢澍・楊紹廉原著、佐野光一編『金石異体字典』雄山閣出版、1980年
「元代の社會と文化」研究班「『事林廣記』學校類（2）・家禮類（1）譯注」『東方學報』77、2005年
国家図書館古籍館編『中華典籍聚珍』浙江古籍出版社、2009年
小林高四郎・岡本敬二編『通制條格の研究訳注』1、中国刑法志研究会、1964年
蔡忠霖「論字書的字形規範及其「弁正」現象」『文与哲』15期、2009年
財前謙『字体のはなし――超「漢字論」』明治書院、2010年
祝尚書『宋代科挙与文学』中華書局、2008年
蔣元卿『校讐学史』商務院書館、1935年
杉本つとむ編『異体字研究資料集成』雄山閣出版、1973－75年
臧克和主編『漢魏六朝隋唐五代字形表』南方日報出版社、2011年
臧克和主編『日蔵唐代漢字鈔本字形表』華東師範大學出版社、2016年
張亜群「科挙考試与漢字文化－兼析進士科一枝独秀的原因」『中国地質大学学報（社会科学版）』第9巻第6期、2009年11月
趙之謙『六朝別字記』商務印書館、1919年
鄭広栄「「台閣体」と「館閣体」」『人民中国』5、1979年
内藤湖南「目睹書譚」『内藤湖南全集』12、筑摩書房、1970年
中田勇次郎「董其昌の書論」『大手前女子大学論集』6、1972年
長澤規矩也編『和刻本辞書字典集成』2、汲古書院、1980年

伊原敏郎（伊原青々園）著、河竹繁俊・吉田暎二・編集校訂『歌舞伎年表』岩波書店、1956－63年
小山田与清『松屋筆記』国書刊行会、1908年
金沢康隆「歌舞伎芸名考」上・下『演劇界』7－11・8－1、1949・1950年
木村涼『七代目市川團十郎の史的研究』吉川弘文館、2014年
笹原宏之「日本製漢字「蛯」の出現とその背景」『訓点語と訓点資料』118、2007年
笹原宏之「「蛯」の使用分布の地域差とその背景」『国語文字史の研究』10、和泉書院、2007年
笹原宏之『日本人と漢字』集英社インターナショナル、2015年
諏訪春雄「初代市川団十郎年譜」『元禄歌舞伎の研究　増補版』笠間書院、1983年
関根只誠編『戯場年表』『日本庶民文化史料集成』別巻、三一書房、1978年
中川右介『悲劇の名門　團十郎十二代』文藝春秋、2011年
野島寿三郎編『新訂増補　歌舞伎人名事典』日外アソシエーツ、2002年
長谷川宣昭『三余（餘）叢談』『日本随筆大成』3期巻3、日本随筆大成刊行会、1929年
服部幸雄『市川團十郎代々』講談社、2002年
日野竜夫編・解説『五世市川団十郎集』ゆまに書房、1975年
三田村鳶魚編『江戸芝居年代記』『未刊随筆百種』第11巻、中央公論社、1978年
『月刊しにか』第10巻10号、1999年

【第3部】

阿辻哲次「王錫侯『字貫』の研究」『東方学』66、1983年
阿辻哲次『漢字の社会史』吉川弘文館、2013年
荒木敏一『宋代科挙制度研究』東洋史研究会、1969年
池田四郎次郎「通俗支那辞書談」『東洋文化』67、1930年

主要参考文献

古典作品やWEBサイトについては、本文にのみ記した。

【第１部】

海東村史編纂委員会編『海東村史』海東村役場、1952年

「角川日本地名大辞典」編纂委員会編『角川日本地名大辞典』角川書店、1978－91年

行政管理庁行政管理局「行政情報処理用標準漢字選定のための漢字使用頻度および対応分析結果」1974年

国土地理協会編集局編纂、自治省行政局監修『国土行政区画総覧』国土地理協会、1951年～（加除式）

笹原宏之『日本の漢字』岩波新書、2006年

笹原宏之『国字の位相と展開』三省堂、2007年

笹原宏之『方言漢字』角川学芸出版、2013年

芝野耕司編著『増補改訂JIS漢字字典』日本規格協会、2002年

第１期漢字コード委員会『標準コード用漢字表（試案）』1971年

文部科学省・日本医学会編『学術用語集　医学編』日本学術振興会、2003年

山田耕筰著、後藤暢子・團伊玖磨・遠山一行編『山田耕筰著作全集３』岩波書店、2001年

「「山田耕筰」と思い込み」毎日新聞「校閲インサイド　読めば読むほど」1999年６月29日東京版朝刊29面

柳田国男『地名の研究』古今書院、1936年

『日本歴史地名大系』平凡社、1979－2005年

【第２部】

伊原青々園『市川團十郎』エックス倶楽部、1902年

伊原青々園『市川團十郎の代々』上巻、市川宗家、1917年

笹原宏之（ささはら・ひろゆき）

1965年，東京都生まれ．1988年，早稲田大学第一文学部（中国文学専修）卒業．1993年，早稲田大学大学院文学研究科日本文学（国語学）専攻博士後期課程単位取得退学．博士（文学）．国立国語研究所主任研究官等を経て，現在，早稲田大学社会科学総合学術院教授．三省堂『新明解国語辞典』編集委員，文部科学省文化庁文化審議会国語分科会漢字小委員会元委員．2007年，第35回金田一京助博士記念賞，2017年，第11回立命館白川静記念東洋文字文化賞優秀賞受賞．専攻・日本語学．

著書『日本の漢字』（岩波新書，2006）
『国字の位相と展開』（三省堂，2007）
『訓読みのはなし』（光文社新書，2008．角川ソフィア文庫，2014）
『当て字・当て読み漢字表現辞典』（編著　三省堂，2010）
『漢字の現在』（三省堂 Word-Wise Book，2011）
『方言漢字』（角川選書，2013）
『漢字に託した「日本の心」』（NHK 出版新書，2014）
『漢字の歴史』（ちくまプリマー新書，2014）
『日本人と漢字』（集英社インターナショナル，2015）ほか

謎《なぞ》の漢字《かんじ》
中公新書 *2430*

2017年4月25日発行

著　者　笹原宏之
発行者　大橋善光

本文印刷　三晃印刷
カバー印刷　大熊整美堂
製　　本　小泉製本

発行所　中央公論新社
〒100-8152
東京都千代田区大手町 1-7-1
電話　販売 03-5299-1730
　　　編集 03-5299-1830
URL http://www.chuko.co.jp/

Published by CHUOKORON-SHINSHA, INC.
Printed in Japan　ISBN978-4-12-102430-5 C1281

中公新書

言語・文学・エッセイ

j 1

433 日本語の個性 外山滋比古
533 日本の方言地図 徳川宗賢編
500 漢字百話 白川 静
2213 漢字再入門 阿辻哲次
1755 部首のはなし 阿辻哲次
2341 常用漢字の歴史 今野真二
2254 かなづかいの歴史 今野真二
2363 外国語を学ぶための言語学の考え方 黒田龍之助
1880 近くて遠い中国語 阿辻哲次
742 ハングルの世界 金 両基
1833 ラテン語の世界 小林 標
1971 英語の歴史 寺澤 盾
2407 英単語の世界 寺澤 盾
1533 英語達人列伝 斎藤兆史
1701 英語達人塾 斎藤兆史

2086 英語の質問箱 里中哲彦
2165 英文法の魅力 里中哲彦
2231 英文法の楽園 里中哲彦
1448 「超」フランス語入門 西永良成
352 日本の名作 小田切 進
212 日本文学史 奥野健男
2285 日本ミステリー小説史 堀 啓子
2427 日本ノンフィクション史 武田 徹
563 幼い子の文学 瀬田貞二
2156 源氏物語の結婚 工藤重矩
1787 平家物語 板坂耀子
1798 ギリシア神話 西村賀子
1254 ケルト神話と中世騎士物語 田中仁彦
2382 シェイクスピア 河合祥一郎
2242 オスカー・ワイルド 宮﨑かすみ
275 マザー・グースの唄 平野敬一
2404 ラテンアメリカ文学入門 寺尾隆吉

1790 批評理論入門 廣野由美子
2251 〈辞書屋〉列伝 田澤 耕
2226 悪の引用句辞典 鹿島 茂
2430 謎の漢字 笹原宏之